Richard und Nicholas Crane sind Vettern und unternahmen schon seit ihrer Kindheit viele Touren und Reisen zusammen.

Richard, der während seines Geologiestudiums auch im Galapagos-Nationalpark gearbeitet hat, unternahm 1983 mit seinem Bruder einen Langlauf durch den Himalaja in 101 Tagen, um Geld für die Entwicklungshilfe-Organisation *Intermediate Technology* zu beschaffen. Er arbeitet als Geologe für BP.

Nicholas ist Reisejournalist und lebt in London. Noch während seines Geographiestudiums und danach hat er mit seinem Fahrrad 20 Länder bereist und in Amerika, Afrika, in den Alpen, Pyrenäen und in Skandinavien unzählige Gipfel bestiegen.

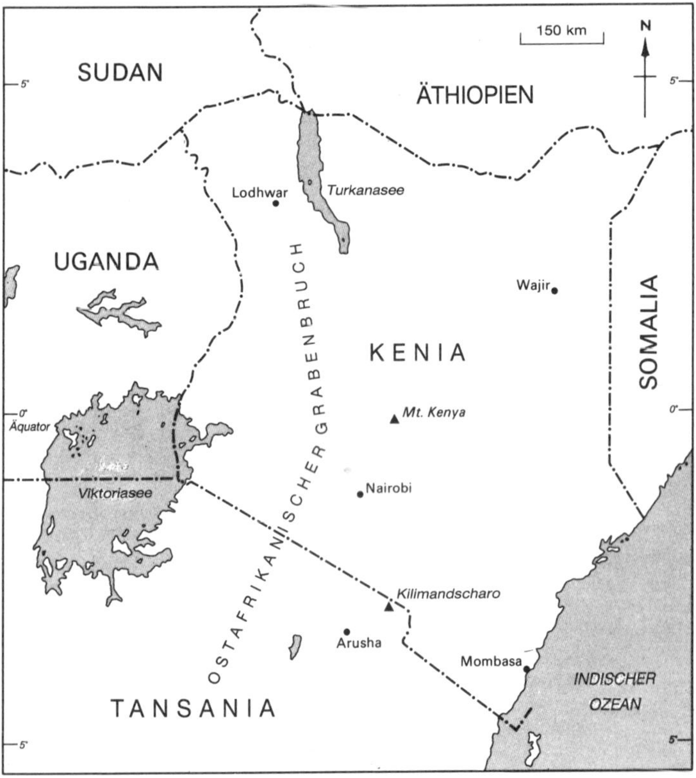
150 km
N
SUDAN
ÄTHIOPIEN
Lodhwar
Turkanasee
UGANDA
Wajir
SOMALIA
KENIA
OSTAFRIKANISCHER GRABENBRUCH
Äquator
Mt. Kenya
Nairobi
Viktoriasee
Kilimandscharo
Arusha
Mombasa
INDISCHER OZEAN
TANSANIA

Richard Crane / Nicholas Crane

Kilimandscharo per Rad

Mit dem Mountain-Bike auf den höchsten Berg Afrikas

Frederking & Thaler

CIP-Titelaufnahme der Deutschen Bibliothek
Crane, Richard:
Kilimandscharo per Rad : mit dem Mountain-Bike auf den höchsten Berg Afrikas / Richard Crane ; Nicholas Crane. [Übers. aus d. Engl.: Christine Cerny]. – München : Frederking u. Thaler, 1989
[Reisen, Menschen, Abenteuer]
Einheitssacht.: Bicycles up Kilimanjaro <dt.>
ISBN 3-89405-006-3
NE: Crane, Nicholas:

REISEN · MENSCHEN · ABENTEUER
herausgegeben von Susanne Härtel

Übersetzung aus dem Englischen: Christine Cerny, München
Originaltitel: BICYCLES UP KILIMANJARO

Titelfoto/Fotos: Peter Inglis
Redaktion: Annemarie Bruhus
Produktion: Tillmann Roeder
Karten: Catriona Hall/Gert Köhler
Gesamtherstellung: Presse-Druck Augsburg
ISBN: 3-89405-006-3

Inhalt

Vorspiel

Wir verließen die Straße oberhalb der dunkel gleitenden Wasser von Afon Anafon, traten in die Pedale, daß die stark aufgepumpten Reifen tief in den feuchten Boden griffen, und spähten im Halbdunkel nach dem einfachsten Weg, der bergauf führte. Nebel hing über den beigefarbenen Hügelfalten, ähnlich einer in Tau getauchten Decke, die einen still schlafenden Wanderer umhüllt.

Etwa 300 Meter höher liefen die ersten Sonnenstrahlen mit uns um die Wette. Als wir uns der Anhöhe näherten, begann der Tag mit einer prächtigen Dämmerung. Unter uns brodelten die Wolken. Wir fuhren hinunter in die nächste Talmulde und dann wieder aufwärts, den langen, grasbewachsenen Anstieg zum 1000 Meter hohen Foel-fras am nördlichen Rand von Snowdonia. Am Gipfelpunkt, der durch einen Steinhaufen inmitten verstreut liegender Felsbrocken gekennzeichnet war, holten wir zwei Blätter hervor, die unsere Landkarten waren. Ein dünner Bleistift wanderte über Linien und 14 Kreise. Jeder Kreis bezeichnete einen Berg, der auf unserer Liste stand. Es war 5.20 Uhr am Morgen. Die Umrisse des Foel-fras verliefen sich bei Garnedd-uchaf in einer sanften Senkung. Übermütig lachend jagten wir mit den Fahrrädern zwischen Felsen hindurch abwärts. Sumpfige Wasserlöcher wurden unter unseren sich schnell drehenden Rädern zu funkelnden, vorbeihuschenden Tropfen. Außer uns war niemand in den Bergen. Die Sonne kletterte das Conway-Tal hoch; wir waren fit, und die Fahrräder schienen fast schwerelos zu sein, als es mit der Morgenbrise abwärts ging.

Nach fünf weiteren Gipfeln, beim Ogwen Cottage, hatten wir Zeit für ein Marmeladenbrot und eine Dose Reispudding. Dann wanden wir uns durch den Morast am Fuße des Tryfan aufwärts. Der obere Teil des Berges ist sehr steil; die Räder hielten sich nur mühsam in den zahlreichen kaminartigen Passagen und drohten manchmal mit uns von den schmalen Riffen herunterzukippen. Eine Gruppe junger Leute sah uns verwundert nach, als wir sie, die Fahrräder auf unseren Köpfen balancierend, überholten.

Der Bristly-Kamm war wegen der Steilhangüberquerungen noch riskanter. An zwei Stellen mußten wir, auf Zehenspitzen stehend, die Räder hoch über unseren Köpfen an eingeschlagene Felshaken hängen, bevor wir selbst hinaufkletterten. Bei solchen und ähnlichen Aktionen wurden unsere Schienbeine häufig von den scharfen Metallpedalen blutig geschürft, und immer wieder einmal traf uns eine sich plötzlich drehende Lenkstange so heftig an den Schläfen, daß wir Sterne sahen.

Bei Glyder Fawr wurde das Gelände angenehmer. Wir nahmen die Räder von den Schultern, setzten sie auf den Boden, sprangen auf die Sättel und rasten die rutschige Geröllhalde abwärts, daß die Steine nur so von den Reifen stoben. Wir passierten den kleinen See in der Talmulde, dann versuchten wir die außergewöhnlich steile, grasbewachsene Flanke des Y Garn aufwärts zu fahren. Doch selbst im niedrigsten Gang gelang es uns nicht, mehr als die Hälfte des Anstiegs zu schaffen.

Der lange Bergkamm nördlich des Y Garn erschöpfte uns vor Anstrengung. Die Kommunikation zwischen uns beiden beschränkte sich auf knappe, flüchtige Blicke, um sich zu vergewissern, daß der andere noch nicht über den Grat gefallen war und gelegentlichen Warnrufen vor gefährlichen Unebenheiten. Wir schlingerten mit den Rädern eine fußbreite Wegspur entlang, die sich um den Elidir Fawr wand.

Nach diesem Gipfel hatten wir nur noch die Snowdon-Kette vor uns, und so lehnten wir unsere Rücken entspannt gegen die steinerne Gipfelmarkierung. Gute 300 Meter unter uns schimmerte in der frühen Nachmittagssonne ein Wasserlauf. Bald ging es aber über Grasbüschel wieder bergab; wir sausten um Felsen herum, flitzten im Zickzack abwärts, unsere Beine folgten den Bewegungen der wild schlagenden Pedale, und mit schmerzenden Armen klammerten wir uns – unseres Lebens gedenkend – an die bockenden Lenkstangen.

Als wir schließlich die Straße heil erreichten, wurden wir leichtsinnig und starteten einen freundschaftlichen Wettbewerb. Allerdings wurde es eher ein verbissenes und schweißtreibendes Duell zwischen zwei Dickköpfen. Fünf Kilometer weiter, schwindlig vom starken Schweißverlust und einem Kreislaufkollaps nahe, erreichten wir den Pen-Y-Paß, stärkten uns mit einem Sandwich und jagten anschließend den felsigen Weg hinunter zum Fuße des Snowdon.

Wir wählten die Crib-Goch-Route, weil sie die schnellste sein würde. Crib Goch ist ein steiler Bergrücken, an manchen Stellen nur einige Zentimeter breit, und die Abhänge zu beiden Seiten ließen uns beinahe das Herz stehen. Es war die letzte und schwierigste Hürde. Wir mußten Passagen überwinden, wobei unsere Zehen sich über schmale Felsränder tasteten, während unsere Finger sich am oberen Rand des Grats festklammerten und das Fahrrad grotesk von einer Schulter baumelte. Abends, um 19.30 Uhr, erreichten wir den Snowdon-Gipfel.

Sanft ging die Sonne gegen Anglesey unter, und wir fragten uns, was wir als nächstes mit unseren Mountain-Bikes unternehmen könnten. Wir stellten die Fahrräder in die mittlere Schienenrinne der Snowdon-Lokalbahn, setzten unsere Füße auf die Schienen, stießen ab, wurden schneller und fuhren den langen, kühlen Schatten, die aus den Tälern hochstiegen, entgegen.

Pläneschmieden im Café „Dallas“

Vor dem Café „Dallas“ prasselte der Regen auf den Bürgersteig und dämpfte das leise Summen, das von den Kühlaggregaten der parkenden Fleischtransporter stammte. Die Fahrer saßen an kleinen Tischen, schwatzten, schlürften Tee und machten sich hungrig über kunstvoll garnierte Teller her. Es war nahezu zwei Uhr morgens.

Dick lehnte sich in seinem Stuhl zurück, um die Liste der „Dallas“-Spezialitäten, die an der Wand hing, lesen zu können: Chips; Bohnen und Spiegeleier mit Chips; Speck und Bohnen mit Chips; Blutwurst mit . . .

„Was sollen wir nehmen?“

„Pferde kommen nicht in Frage.“

„O.k., wie wär's mit Hunden?“

„Die beißen.“

„Maultiere?“

„Sind zu langsam.“

„Jedenfalls schneller als deine Idee, mit Dreirädern zum Nordpol zu fahren.“

„Zumindest wär' es originell.“

„Aber ich möchte einfach gern etwas mit Tieren unternehmen . . .“

„Zum Beispiel sie essen . . . Zweimal Blutwurst und Chips bitte! Und Tee!“

Während wir aßen, herrschte zwischen uns „Waffenstillstand“. Wir waren uns noch uneinig über unser nächstes Abenteuer. Weihnachten stand bevor, und Dick hatte zehn Ferientage über Neujahr. Auch ich konnte mir um diese Zeit freinehmen. Wir mußten uns schnell entscheiden – für irgend etwas zu Land, zu Wasser oder in der Luft. Aber Fahrräder waren nun einmal unsere große Schwäche. Die Welt bot unendlich viele Möglichkeiten, vorausgesetzt, daß wir sie uns leisten konnten. Für uns war die Hauptsache, daß sich unser Vorhaben mit unserem Motto *small is beautiful* und in diesem Zusammenhang mit *Intermediate Technology* (I. T. = die „sanfte Technologie", s. Anhang S. 178) vereinbarte.

„Wir sollten etwas Originelles unternehmen", meinte Dick. „Wo wir die ‚sanfte Technologie' einsetzen können – irgendwo in der dritten Welt."

„So etwas, wie den Amazonas in einem Amphibienfahrzeug abwärts fahren?"

Nun führte uns die Konversation eine Viertelstunde lang weg von irdischen Realitäten. Wir träumten vor uns hin und sahen uns auf Rollschuhen in Eis- oder Sandwüsten, mit Surfbrettern auf dem Meer oder mit einem Floß auf einem wilden Fluß. Wir kamen zurück zur Erde – denn die Teller waren leer gegessen – und wir bestellten nach.

„Wie wäre es mit Afrika? Dort gibt es viele Selbsthilfe-Projekte, die von *Intermediate Technology* unterstützt werden."

„Sollen wir mit dem Fahrrad durch die Sahara fahren?"

„Ist nicht so originell. Murph und Tim haben das bereits getan."

„Vielleicht könnten wir den Nil stromaufwärts schwimmen?"

„Ich kann Wasser nicht besonders ausstehen."

„Wie wär' es dann mit Laufen? Von Kairo nach Kapstadt zum Beispiel? Oder den Kilimandscharo hoch?"

„Bin letztes Mal gelaufen."

„Dann mit dem Fahrrad auf den Kilimandscharo!"

„Mmmmm, ja – das wäre gar keine schlechte Idee! Das könnten wir wirklich tun."

Das Konzept war geboren: mit dem Mountain-Bike auf den

höchsten Berg Afrikas. Das war nicht nur etwas Außergewöhnliches, es ergänzte sich auch ausgezeichnet mit unserer Vertretung der Idee von der „sanften Technologie". Dicks Schwester Bar und ihr Ehemann Rod lebten in Nairobi und könnten uns beim Organisieren helfen. Außerdem hatte Bar erst voriges Jahr den Kilimandscharo bestiegen. Es war, wie Dick mit vollem Mund sagte: „Phantastisch!"

☆

Im Café „Dallas" wurden noch viele Gedanken gewälzt. Entstehen gute Ideen eigentlich aus verträumten, wunderlichen oder närrischen Einfällen, oder sind sie Schlußfolgerungen blitzartiger, brillanter Inspirationen? Dieses philosophische Rätsel blieb im Augenblick unbeantwortet, denn unsere Plätze wurden von zwei sehr hungrig aussehenden Fernfahrern beansprucht.

In zentraler Lage

Wir verließen das „Dallas" und gingen um die Ecke zu Dicks Bude, die sich über dem „Tasty Café", einem Taxifahrerstammlokal, befand. Zur Zeit wohnte allerdings ich darin, da Dick unter der Woche in Aberdeen arbeitete. Das Apartment besaß Charakter und entbehrte keineswegs der Originalität.

Wenn man sich durch die Tür durchzwängte, sah es auf den ersten Blick absolut unbewohnbar aus, ebenso auf den zweiten. Man hatte das Gefühl, sich in einer Mischung von Everest-Basislager und einem heruntergekommenen Fahrradgeschäft zu befinden. In der Mitte des Raumes befand sich ein Gestell aus hölzernen Paletten, das zwei Rennrädern, einer Radkollektion und einem Karton mit Fahrradpumpen Halt gab. Rucksäcke, Schlafsäcke und Haufen von Bergausrüstung waren dazwischengestopft. An einer Wand stand ein Schreibtisch mit einer Schreibmaschine – Jahrgang 1929 –, auf der Berichte für Sportmagazine getippt wurden. Parkscheine und Postkarten von Freunden stapelten sich unter den verdorrten Blättern einer abgestorbenen Zimmerpflanze. In einem alten Kühlschrank, der schon lange seinen Geist aufgegeben hatte, wurden Bücher aufbewahrt, und eine umgedrehte Holzkiste diente als Sitzgelegenheit für Besucher. Der Sitzplatz des Wohnungsinhabers war ein voluminöses, schokoladenbraunes Dralon-Kissen, welches Dick nach einem erfolgreichen Rennen als Siegesprämie erhalten hatte.

Eine Wäscheleine, an der ein Sweatshirt mit der aufgedruckten Forderung, mehr radzufahren, und eine riesige, aufblasbare Banane hingen, inspirierten das Auge, weiter nach links zu wandern, wo neben einem Tandemrahmen und einem schiefhängenden Bild, das Dick von Peru mitgebracht hatte, sich das Nervenzentrum des Raumes befand: das Telefon. Dieses stand auf einem Koffer und hatte eine defekte Wählscheibe. Verbindungen konnten nur hergestellt werden, wenn der Wähler die Scheibe in einer ganz bestimmten Geschwindigkeit drehte. Hinter dem Telefon stand ein Tandem aus den dreißiger Jahren, das als Ablage für Telefonbücher und Eispickel, Ersatzreifen und einer weiteren verdorrten Zimmerpflanze Verwendung fand. Der gesamte Raum hatte die Ausmaße von vier mal fünf Meter.

Wir kamen überein, daß dieser Ort das geeignete Operationszentrum für unser geplantes Kilimandscharo-Unternehmen sein würde – „ein freundliches Apartment in zentraler Lage", wie es ein Immobilienmakler bezeichnet hätte. Dick stopfte das Loch im Fenster zu, um die kühle Oktoberluft auszusperen, und wir rollten unsere Schlafsäcke aus. Einen Wecker brauchte ich niemals in der St. John Street, denn der Geruch von gebratenen Frühstückseiern und Speck strömte jeden Morgen ab sieben Uhr dreißig vom „Tasty Café" herauf, drang durch die Türritzen und kitzelte in meiner Nase. In Dicks Heim erwachte ich jeden Morgen aufs neue mit einem Gefühl von Optimismus: Ich wußte einfach, der Tag konnte nur besser werden.

☆

Dicks Tagebuch, 26. Oktober 1984: Die Idee, den Kilimandscharo mit dem Mountain-Bike zu erobern, finden wir noch immer gut, aber um sie zu verwirklichen, müssen wir vieles bedenken. Jedenfalls werden uns unsere langjährigen Erfahrungen im Radfahren und Klettern zugute kommen.

Wir werden uns die Vorbereitungsarbeiten aufteilen, damit wir alles rechtzeitig schaffen. Nick wird mit Fahrradfirmen sprechen, und ich werde versuchen, die Ausrüstungsgegenstände zusammenzukriegen: einige Freunde werden uns dabei helfen können. Wir brauchen auch Landkarten und Informationsmaterial über den Kilimandscharo. Das wichtigste ist, I. T. von unserem Unternehmen und von unserer Absicht, für sie Spendengelder zu mobilisieren, zu informieren.

☆

Wir hatten noch genau 63 Tage, bevor wir am Fuße des höchsten Berges Afrikas stehen wollten. Und zwar bestens ausgerüstet, mit entsprechenden Fahrrädern und Zubehör, Lebensmittelvorräten, einer einigermaßen guten Kondition und mit genügend Kenntnissen, um den Gipfel sicher zu erreichen. Dick bekam Ferien vom 22. Dezember bis zum 6. Januar. Davon planten wir zwei Tage für Weihnachten in Nairobi und zwei weitere Tage für die Kontrolle der Ausrüstungsgegenstände und für die Zusammensetzung der Räder ein. Das hieß, es würden uns nur acht Tage für den Aufstieg bleiben. Also kein Spielraum für schlechtes Wetter oder Organisationsfehler. Wenn wir erfolgreich sein wollten, mußten wir alles aufs beste und bis ins kleinste Detail vorbereiten.

Besuch bei I. T.

Einer unserer ersten Schritte führte uns in das Büro von I. T. Dick war schon vor zwei Jahren zusammen mit seinem Freund Ados durch diese rote Tür in der King Street eingetreten. Die beiden „Abenteuer-Anfänger" hatten damals den Vorschlag gemacht, den ganzen Himalaja entlangzuwandern und dadurch für I. T. Spendengelder lockerzumachen.

Nicht nur die Leute von I. T., sondern auch Expeditions-Experten hatten ihre Zweifel an dieser Sache gehabt. Dick und Ados hatten jedoch darauf bestanden und sich nicht beirren lassen, ihren Plan in die Tat umzusetzen. Sie starteten damals in Darjeeling und wanderten nach Nepal, wobei sie das Everest-Basislager passierten. Ihre weitere Route führte sie über Katmandu nach Nordwestindien und Kaschmir. Ihre lange Wanderung war in Rawalpindi in Pakistan zu Ende. Sie hatten mehr als 3200 Kilometer zurückgelegt, hatten insgesamt ca. 100 000 Höhenmeter überwunden und 64 Pässe überschritten. Sie hatten weder Träger noch Führer, Zelt, Kochausrüstung oder Lebensmittelvorräte bei sich gehabt. Sie hatten sich darauf verlassen, unterwegs Unterkunft und Nahrung zu finden. Dabei waren sie unglaublich rasch vorangekommen und hatten diese Mammutstrecke in 101 Tagen geschafft. Durch dieses Unternehmen konnten 60 000 Pfund Sterling für I. T. gesammelt werden.

Wir verabredeten uns mit Steve Bonnist, dem Werbefachmann von I. T., der auch die Spendenwelle, die Dicks und Ados' Himalaja-Wanderung auslöste, in die richtigen Kanäle geleitet hatte. Steve hatte damals monatelang Dias und Fotos, die Dick und Ados ihm zugeschickt hatten, gesichtet und Material an die Presse gesandt; er hatte Informationsblätter und -broschüren entworfen, hatte Vorträge arrangiert und dafür gesorgt, daß die Stiftung das Beste aus dieser Chance machte.

☆

Dick: I. T. bemüht sich darum, daß mit den ihnen zur Verfügung stehenden Mitteln benachteiligten Menschen unserer Welt größtmöglicher Nutzen zuteil wird. Alle I. T.-Projekte sind Langzeit-Projekte, die das Selbstbewußtsein fördern, Arbeit vermitteln und einen neuen Gemeinschaftsgeist wecken wollen. Es handelt sich dabei vorwiegend um technische oder ökonomische Selbsthilfeprojekte, die den Leuten die Möglichkeit und den Mut geben, aus eigener Kraft ihre Notlage zu überwinden. In Malawi wurde zum Beispiel eine Ambulanz auf Fahrrädern eingerichtet; in Sri Lanka wurden Fischerboote gebaut und in Nepal leistungsstarke Kochherde hergestellt. Bei allen Projekten arbeitet jeweils ein I. T-Berater eng mit den lokalen Führern zusammen, um zu gewährleisten, daß Kultur und Tradition erhalten bleiben. Dr. Fritz Schumacher warb zum erstenmal mit seinem Buch „Small is beautiful" für diese Idee der Hilfe für die dritte Welt. Seine Überlegungen führten zur Gründung von I. T. 1975 schloß sich Steve Bonnist dieser Stiftung an, als er Brunnen in Obervolta grub. Er war schon einige Male in Äthiopien und ist ausgesprochen aktiv. Seine Durchsetzungskraft und die Fähigkeit, schnelle und richtige Entscheidungen zu treffen, waren stets von großer Hilfe, gerade wenn es galt, unter schwierigsten Umständen zu arbeiten. Er macht anderen immer wieder Mut und ist eine großartige Hilfe für I. T.

☆

Auf unsere Kilimandscharo-Idee reagierte Steve mit seiner üblichen Begeisterung.

„O nein! Das könnt ihr mir nicht antun! Ihr seid verrückt – total verrückt! Jenny wird sich von mir scheiden lassen. Stellt euch doch nur die Flut von Briefen und Reaktionen vor! Ich werde Tag und Nacht arbeiten müssen. Eure Idee ist wirklich... großartig! Aber ihr seid einfach verrückt!"

Wir verlangten von I. T. weder Hilfe noch finanzielle Unterstützung. Wir wollten unseren Trip selbst organisieren und ihn, wenn möglich, erfolgreich durchführen. Und wir wollten die Ziele von I. T. fördern, soweit es in unserer Macht stand. I. T. sollte Flugblätter zu einem Spendenaufruf drucken lassen und dann die darauf eingehenden Beträge für ihre Projekte verwenden.

Steve hatte schließlich einen Gedankenblitz. „Warum können wir nicht versuchen, die Spenden für ein ganz bestimmtes Projekt zu sammeln? Der Norden von Kenia hätte zum Beispiel dringend Windmühlen nötig, die Wasserpumpen antreiben."

Die große Dürre, die Äthiopien heimsuchte, war nicht allein auf dieses Land beschränkt. Sie plagte auch die nördlichen Wüstenregionen Kenias. Hier war dringend Hilfe erforderlich. I. T. hatte bereits eine Windpumpe entwickelt, die gerade in der Nähe von Nairobi gebaut wurde. Diese Windmühlen kosteten pro Stück ca. 7000 Pfund Sterling. Sie würden nicht nur eine große Hilfe bei Trockenperioden sein, sondern auch etlichen Einheimischen Arbeit geben. Steve versprach, seine Fühler auszustrecken, um herauszufinden, wo und von wem eine Windmühle am dringendsten benötigt wurde.

Zwei Wochen später rief er an. „In der Nähe der äthiopischen und somalischen Grenze, mitten in der Wüste, gibt es ein Hospital, das dringend fließendes Wasser braucht. Grundwasser ist vorhanden, aber im Augenblick kommen sie nicht an dieses heran. Es gibt keine Telefonverbindung dorthin, daher ist es im Moment nicht möglich, Näheres zu erfahren. Um zu dem Hospital zu gelangen, ist man von Nairobi aus drei Tage unterwegs, – wenn alles gutgeht. Offensichtlich machen Banditen diese Strecke unsicher, weshalb man sich bewaffneten Konvois anschließen muß. Der Ort heißt Wajir. Laßt euch aber nicht einfallen, dorthin zu gehen!"

☆

Dick: Um recht viele Leute für unsere Sache zu interessieren und später viele Spendenfreudige zu gewinnen, wollten wir die ganze Aktion besonders spannend aufziehen. Wir beschlossen, eine außergewöhnliche Expedition anzukündigen, aber genaue Einzelheiten darüber vorerst geheimzuhalten. Es sollte nur verraten werden, daß schneebedeckte Berge in der südlichen Hemisphäre unser Ziel waren und Mountain-Bikes eine Rolle spielen sollten. In diesem Sinne gingen wir daran, ein Projekt zu entwerfen.

☆

Unser ursprüngliches Konzept war so einfach gewesen: Zwei Menschen beabsichtigten, mit geringstem Aufwand auf Fahrrädern ihr Können und ihre Ausdauer an einem der attraktivsten Berge dieser Welt zu erproben. Sechs Wochen später saßen wir in der St. John Street, rund um uns türmten sich Berge von angesammeltem Ausrüstungsmaterial, und unser Team war zwischenzeitlich um vier Teilnehmer gewachsen. Wir fragten uns, was aus unserer anfänglichen, unkomplizierten Idee geworden war. Aber die Verstärkung unseres Teams hatte seine guten Gründe.

Um I. T. zu unterstützen, würden wir erstklassige Fotos benötigen. Dick und Ados hatten ihre Aufnahmen im Himalaja zum Teil mit Selbstauslöser gemacht, wobei es sie einige Mühe gekostet hatte, jedes einzelne Bild in Szene zu setzen. Mit dem Fahrrad den Kilimandscharo hinaufstrampelnd, würde es allerdings bedeutend schwieriger sein, gleichzeitig zu fotografieren. Wir brauchten also jemanden, der nicht nur topfit war, sondern es auch verstand, mit einer Kamera umzugehen.

Pete Inglis lebt in Nordwales, auf der Insel Anglesey gegenüber der Menai-Meeresenge. Von seiner Wohnung erblickt er die

Gipfel von Snowdonia: die Carnedds, Glyders, Snowdon und Crib Goch. Pete ist Lehrer in einem Bildungszentrum, und seine Hobbys sind Fotografieren, Heimatkunde, der Besuch exotischer Restaurants und Biertrinken. Spät am Abend rief ich ihn an, in der Hoffnung, daß seine Liebe zum Bier nicht seinen Unternehmungsgeist geschwächt hatte.

„Toll, wann starten wir?" war seine augenblickliche Reaktion. „Wo, hast du gesagt, steht dieser Hügel?"

Pete und ich kannten uns gut. Wir hatten zusammen einige Auslandserfahrungen gesammelt. In Frankreich und Norwegen waren wir mit dem Rad unterwegs gewesen; in der Schweiz und in Italien sind wir Ski gefahren; in Lappland hatten wir Wildwasserfahrten unternommen ..., ja, wir kannten uns wirklich gut, kannten unsere schwachen und starken Seiten und wußten, wie wir den anderen zum Lachen bringen konnten. Pete entschied sich, uns auf den Gipfel zu begleiten, und wir wußten, daß wir drei uns aufeinander verlassen konnten, sollte irgendein Notfall eintreten. Gegenseitiges Vertrauen war unbedingt notwendig bei so einem Unternehmen.

Durch die Aufnahme Petes in unser Team war jetzt ein neues Problem zu lösen. Dick und ich waren imstande, Ersatzteile und Lebensmittel für uns für eine Woche mit uns zu transportieren. Aber von Pete konnten wir unmöglich verlangen, daß er außer seinen persönlichen Sachen und dem Proviant auch noch die schwere Fotoausrüstung mitschleppte und obendrein noch locker im Gelände herumsprang, um zu fotografieren. Wir würden Träger für das Gepäck benötigen und außerdem mußte jemand diese Träger organisieren. Dann tauchte auch noch die Frage auf, wer das Fotomaterial und das Manuskript für die *Sunday Times* am Neujahrstag ins Tal herunterbringen sollte, damit sie rechtzeitig in London ankamen. Dick und ich hatten eigentlich vor, zwei oder drei Tage auf dem Gipfel zu bleiben, um in dieser Höhe die

Mountain-Bikes testen zu können. Es wäre jammerschade, wenn wir nach mühseligen fünf Tagen zum Gipfel sofort wieder abwärts müßten, um die Fotos abzuliefern. Wir überlegten also, daß es ganz praktisch wäre, wenn wir weitere drei Leute hätten, die uns bei unserem Unternehmen halfen. Auch wenn wir es damals nicht zugegeben hätten, es reizte uns natürlich, eine „richtige Expedition" mit all ihren logistischen Problemen durchzuführen.

☆

Dick: Michèle Young würde ich als unternehmungslustig, begeisterungsfähig und – unglaublich sorglos beschreiben. Sie hatte zum Beispiel einmal für einige ihrer Fremdsprachenschüler, die ihrer Meinung nach zu langsam Französisch lernten, auf eigene Faust einen Tagesausflug nach Frankreich organisiert, hatte bereits Plätze auf der Fähre und Essen bestellt – und erschien dann ohne ihren Reisepaß! Es fällt ihr leicht, Freunde zu gewinnen; kein Zweifel, sie würde mit den Trägern gut zurechtkommen. Außerdem hat Michèle bereits Erfahrung im Umgang mit afrikanischen Dorfbewohnern. Ein Jahr lang arbeitete sie in einem abseits gelegenen Dorf in Kenia. Michèle ist auch kein Anfänger im Bergsteigen, und sie war schon manches Mal abenteuerlichen Situationen ausgesetzt. Sie paßt wirklich gut in unser Team.

☆

Kate Hall, expeditionserfahren und passionierte Fallschirmspringerin, war die Jüngste in unserem Team. Sie ist eigentlich Expertin für Kunst aus Florenz und Siena des 11. und 12. Jahrhunderts. Da sie noch nie auf einem hohen Berg gewesen war, bereitete sie sich mit einem rigorosen Trainingsprogramm auf unsere Expedition vor, zu dem unter anderem gehörte, mit angehaltenem Atem die fünf Stockwerke zu ihrem Büro hochzulaufen. „Um mich an den Sauerstoffmangel, wie er in hohen Bergregionen auftritt, zu gewöhnen", erklärte sie dazu. Sie wollte das Material für die *Sunday Times* ins Tal bringen.

Als weiteres Teammitglied gesellte sich Maggie Birkhead zu uns. Bei ihrer Fähigkeit, sich bei außer Rand und Band geratenen Schuljungen durchzusetzen, setzten wir unsere ganze Hoffnung in sie, in unsere etwas chaotisch ausgefallene Gruppe einen Hauch von Ordnung zu bringen. Maggie, eine Biologielehrerin, war erst kurz zuvor von einer Expedition durch das Innere Zimbabwes zurückgekommen, wo sie mitten im Busch zwischen herumstreunenden Löwen kampiert hatte, Rhinozerosdung einsammelte, um ihn auf seine genauen Bestandteile zu untersuchen. Maggie wußte unheimlich viel über die Fauna und Flora der Urwaldregion, die wir durchqueren wollten. Auch sie war noch nie zuvor auf einem Berg gewesen. Deshalb wollte sie die Chance nutzen, zu sehen, wie die Welt von oben ausschaut.

Vielleicht sollte ich an dieser Stelle meinen Cousin Dick näher vorstellen: Doktor Richard Charles Crane – wie es in seinem Paß steht – ist vor allem dafür bekannt, daß ihm alles, was er unternimmt, gelingt. Auftretende Probleme werden von ihm genau analysiert, und in Situationen, wo andere schon verzweifeln, behält er einen kühlen Kopf. Was uns auf der Expedition außerdem sehr zugute kommen würde, ist sein außergewöhnliches Gedächtnis, das uns langwieriges Notizenschreiben erspart. Dick hatte eigentlich schon für den Kilimandscharo trainiert, denn bei seiner Arbeit für eine Ölgesellschaft in Aberdeen hatte er zwei Monate im schottischen Bergland in einem Zelt leben müssen.

☆

Dick: Ich erinnere mich, daß Nick Crane graue Schulhosen anhatte und eine runde Brille auf der Nase trug, als ich ihn zum erstenmal sah. Sein Vater wollte uns zu einer winterlichen Wandertour durch Schottlands Bergwelt abholen. Seit wir laufen konnten, hatten wir von diesem traditionellen, einmal im Jahr stattfindenden Wanderritual gehört, das Hol und mein Vater Charles seit ihren Oxford-Tagen einhielten.

In diesem Jahr, als wir uns zum erstenmal richtig kennenlernten, waren wir fünfzehn Jahre alt. Zehn Tage lang liefen wir damals über entlegene schottische Hügel und lernten dabei Schnee, Regen, Kälte und Nebel kennen. Nach den ersten Wandertagen hielt man mich für stark und zuverlässig genug, um einige Tafeln Schokolade für unsere Rastpausen zu tragen, was ich voller Stolz tat. Seit jenen Tagen der Zahnspangen und Kurzsichtigkeit wurden wir noch mindestens zehnmal auf diese unvermeidlichen Wandertouren mitgenommen. Sie sind uns aber ein gutes Training gewesen, sie halfen uns, widerstandsfähig und ausdauernd zu werden, und wir lernten auch einiges über menschliches Verhalten. Hol hatte unseren Appetit auf größere Abenteuer angeregt, und Nick ist so ruhelos geworden, daß er nach seinem Cambridge-Abschluß nirgendwo mehr ansässig wurde. Ich erinnere mich, wie er mit einem kleinen Morris oder einem klapprigen Motorrad herumgezogen ist. Ich bin sicher, daß er die ernste Absicht hatte, wie jeder normale Mensch zu leben, aber es ist ihm immer irgend etwas dazwischengekommen. Fahrräder sind seine große Liebe. Sie geben ihm Gelegenheit, viel zu sehen und zu erleben. Nick ist mit dem Rad durch mindestens zwanzig Länder gereist. Auf Korsika ist er einmal sogar zwei Wochen lang mit einer Gruppe von Banditen gefahren – seine Ausrüstung bestand aus einer Plastikdecke, und zu seiner Verteidigung hatte er nur die Reifenpannen-Ausrüstung bei sich. Nick steckte mich schließlich mit seiner Leidenschaft an, und für viele Jahre war es unser Ziel, an einem sechzig Kilometer langen Zwei-Mann-Team-Rennen teilzunehmen, bei dem wir dann ein Paar Socken gewannen.

Eigentlich war unser Team für die Kilimandscharo-Expedition bereits vollständig, als ein Brief von Hol eintraf und mit diesem ein Maskottchen für uns: ein Teddybär. Also gut – nun waren wir sieben, die auf den Kilimandscharo wollten.

Vom Dreirad zum Mountain-Bike

Unsere Vorbereitungszeit verkürzte sich ganz drastisch, als ich mich entschloß, zwei Wochen früher als Dick nach Kenia zu reisen. Pete wollte mit mir kommen. Uns blieb also nur noch eine Woche Zeit bis zu unserem Abflug, und noch immer waren viele Vorarbeiten unerledigt. Dick war in Aberdeen, und ich hauste in seiner Wohnung, die sich zusehends mit Steigeisen, Seilen, Schlafsäcken, Zelten, Anoraks, Schneeschaufeln, Campingkochern, Kerzen usw. füllte – aber Fahrräder hatten wir noch immer nicht. Aber wir wußten wenigstens, was wir wollten: Mountain-Bikes. In den letzten Jahren hatten wir verschiedene Fahrräder ausprobiert, unterschiedliche Erfahrungen gemacht, doch unseren Anforderungen hatten sie alle nicht entsprochen.

Wie alle anderen Schuljungen mit aufgeschlagenen Knien hatte ich einen großen Teil meiner Kindheit auf Fahrrädern verbracht. Meist dort, wo es nicht erlaubt war: auf Bauplätzen, im Wald, im Wohnzimmer und so fort. Bei den unvermeidlichen Unfällen war der Schaden am Rad meist größer als am Fahrer. Als ich einmal das Dreirad meiner Schwester Liz auf lockerem Kiesboden testen wollte, hatte es eine ernste Kollision mit einer Ziegelmauer gegeben. Ein andermal war es ein Tandem, ein wirklich feines Exemplar aus den fünfziger Jahren, lenkbar wie die *Titanic*, das an einem im hohen Gras versteckten Meilenstein aus der Römerzeit sein Leben hatte lassen müssen.

Ich hatte immer wieder Räder bei allen möglichen und unmöglichen Gelegenheiten erprobt. Mit standardmäßigen Tourenrädern hatten einmal mein Freund Dough Whyte und ich in Südgriechenland auf einem dornenübersäten Eselspfad experimentiert.

Nachdem uns das Flickmaterial ausgegangen war, hatten wir die Räder schultern und zu Fuß weiterlaufen müssen. Zwei Jahre später stellte allerdings Hol die Familienehre wieder her, nachdem er dieselbe Route auf einem starken Raleigh-Tourenrad vollständig bezwang.

Abenteuerliche Reisen erlebte ich immer wieder. Mit Pete Inglis hatte ich auf einem gewöhnlichen Straßenrad die Berge im Norden Spaniens überquert, als mich wieder einmal eine Panne in Schwierigkeiten brachte. Wir waren in einer Höhe von etwa 2500 Metern unterwegs, als bei Einbruch der Dämmerung ein heftiger Sturm aufzog und ich einen dicken Felsbrocken übersah, der mich zu Fall brachte. Es war gar nicht so einfach, unter diesen Umständen das Rad zu reparieren und später rechtzeitig eine Unterkunft für die Nacht zu finden.

Auf weiteren Trips durch Portugal, Norwegen, Schweden, Spanien, Griechenland und Afrika hatte es sich immer wieder gezeigt, daß Straßenräder für uns nur begrenzt einsatzfähig waren. Auf all diesen anspruchsvollen, hindernisreichen Strecken hätten sich Mountain-Bikes gewiß besser bewährt.

Die erste richtige Bergfahrt hatte ich in Nordwales unternommen. Ich hatte ein zusammenklappbares Bickerton-Rad mitgenommen, mit kleinen Rädern und einem Aluminiumrahmen, das so leicht war, das es sich bequem auf meinen Rucksack hatte schnallen lassen – zum großen Vergnügen anderer Bergsteiger. Es war ein sonniger Junitag, als ich das Ding bis zum Gipfel hinaufschleppte und dann damit bergab donnerte. Welch ein phantastisches, aufregendes Erlebnis ist es gewesen, über den harten Boden abwärts zu rasen, über Steine zu springen, Bäche zu überqueren, daß es nur so spritzte! Dabei hatte ich gelernt, daß sich das Rad besser unter Kontrolle halten ließ, wenn man den Sattel niedriger stellte. Vor allem aber hatte sich herausgestellt, daß Bickertons nicht die geeigneten Räder für 50 Stundenkilometer schnelle Bergslaloms sind. Jedenfalls – das Rad ist nicht mehr dasselbe gewesen wie zuvor.

Geoff Apps, einer der ersten Mountain-Bike-Hersteller in Großbritannien, hatte mir 1981 ein neues Modell über ein Wochenende geliehen, um es am Snowdon, dem mit seinen 1085 Metern höchsten Berg von England und Wales, zu testen. Das Rad hatte Stahlspikes, die extra von Finnland importiert worden waren, und eine Grundübersetzung von 18 *inches* (45,72 cm). Seine Fahreigenschaften waren erstaunlich gewesen. Die Kombination von Übersetzung, Bodenhaftung der Reifen, Rahmenkonstruktion und dem breiten Lenker hatte es möglich gemacht, über nasse, rutschige, grasreiche und steinige Hänge zu fahren, was mit jedem anderen normalen Rad nicht möglich gewesen wäre. Nur an zwei Stellen hatte ich absteigen und schieben müssen – und das nur, weil ich physisch zu erschöpft gewesen war, um weiter in die Pedale zu treten. Es schien kein Hindernis zu geben, das dieses Rad nicht überwinden konnte. Ich bin stark beeindruckt gewesen.

Drei Jahre später, als Mountain-Bikes in Großbritannien bereits ein großer Hit geworden waren, hatten Marsh-Morris – von dem später noch die Rede sein wird – und ich zwei neue *Muddy-Fox*-Räder ausgeliehen und sie auf dem langen schlammigen Pfad, der von der Themse hinunter zu den *Marlborough-Downs* führt, auf Herz und Nieren geprüft. Ohne Mühe hatten wir die gesamte Route an einem Tag geschafft. Es ist fast langweilig gewesen. Nachdem es auf dieser Strecke nichts gegeben hatte, was die Räder zu Fall hätte bringen können, hatte ich mir eine noch anspruchsvollere und schwierigere Tour ausgesucht: die *Welsh 14 Peaks*, eine 35 Kilometer lange Route, die über alle mehr als tausend Meter hohen Berge von Wales verläuft. Die am meisten geeignete Person, die ich mir als Partner hatte denken können, war mein Cousin Dick gewesen.

Zu jenem Zeitpunkt hatten wir noch nicht geahnt, daß uns diese vierzehn Gipfel zu der Kilimandscharo-Expedition anregen würden. Auch die damals gewonnenen Erfahrungen in bezug auf Technik und Ausrüstung waren uns nun ein Jahr später, als wir unsere Afrikareise vorbereiteten, überaus nützlich. Auf dieser Fahrt hatten wir zum Beispiel gelernt, daß die Mountain-Bikes nicht mit genügend kleinen Übersetzungen ausgerüstet waren. Wir hatten auch unsere Technik beim Abwärtsfahren verbessert. Um die Räder besser am Boden zu halten, hatten wir nicht nur gelernt, die Sättel niedrig zu stellen, sondern auch unser Hinterteil und damit den Schwerpunkt hinter den Sitz zu verlagern. Wir hatten ebenfalls herausgefunden, daß in felsigen Regionen leichte Schuhe mit Knöchelschutz notwendig waren. Vor allem hatte sich aber auch hier bestätigt, wie widerstandsfähig die *Muddy-Fox*-Räder waren. Auf der „14-Gipfel-Route" hatten wir nicht die geringsten Schwierigkeiten mit ihnen gehabt.

Die interessanteste Entdeckung hatte übrigens Dick gemacht, als er unter dem unbequemen Gewicht des unhandlichen Fahrrads leise vor sich hinfluchend einen steilen Aufstieg zu bewältigen versucht hatte. Nach einigen Experimenten war er darauf gekommen, daß die beste Lösung nicht die übliche Methode war, das Rad auf einer Schulter zu tragen, sondern es bedeutend einfacher war, den Kopf durch das Hauptrahmen-Dreieck zu stecken, wobei der Vorderreifen und die Lenkstange vorne und der Hinterreifen nach hinten baumelten. Auf diese Weise liegt das Sitzrohr, das vom Sattel zum Tretlager verläuft, quer über beiden Schultern, und die Hände können nach dem Vorderteil des Rahmens fassen, um das Tragen zu erleichtern. Mit dieser Methode ist es auch möglich, bei schwierigen Kletterpassagen beide Hände frei zu halten. Eine brillante Idee!

Wir wußten eigentlich genau, welche Art von Mountain-Bikes wir für den Kilimandscharo wollten. Es war uns klar, daß gewöhnliche Rohre nicht stark genug waren, um eine solche

Bergtour zu überleben. Die Fahrräder mußten stabil und raffiniert sein, gleichzeitig auch narrensicher, sollte uns in 5000 Meter über dem Meerespiegel ein Höhenkoller überkommen. Nachdem wir eine Höhenlinienkarte genau studiert hatten, wurde uns auch bewußt, daß einige Teilstrecken absolut ungeeignet zum Radfahren waren. Vermutlich würden wir einige längere Strecken die Räder schultern müssen, deshalb sollten sie auch leicht sein, denn jedes zusätzliche Pfund würde sich auf 45 Grad steilen Hängen in einer Höhe von 5000 Metern und mehr deutlich bemerkbar machen.

Zehn Tage vor unserem Abflug rief ich *Saracen Cycles* in Coventry an und erklärte, was wir benötigten.

„Ihr seid wohl nicht ganz bei Verstand?“ war die Antwort darauf. Dann folgte eine lange Atempause, bevor die Stimme sich von neuem meldete.

„Wann braucht ihr sie?“

„Nächsten Freitag.“

Wieder hörte ich einen tiefen Atemzug.

„Na gut – ich will es versuchen.“

Unruhe vor dem Sturm

Dicks Tagebuch, 8. Dezember 1984: Seit sechs Wochen arbeiten und planen wir nun an unserem Kilimandscharo-Abenteuer, und wir können kaum noch erwarten, daß es endlich losgeht. Das Beschaffen der Ausrüstung und Vorräte bringt zwar Hektik mit sich, trotzdem fühle ich mich dabei nicht richtig ausgelastet. Ich möchte endlich nach Afrika, zu den Berghängen des Kilimandscharo inmitten wilder, unberührter Natur. Im Grunde hasse ich solche Vorbereitungen, sobald sie über das Aufheben einer

Jacke oder eines Rucksackes oder das Anheften einer Nachricht für den Milchmann an die Tür, daß er vorläufig keine Milch liefern soll, hinausgehen. Mit dem Kopf vorbereiten ist eher meine Stärke: Kartenmaterial durchgehen, Routen überprüfen, Zeitpläne entwerfen.

Bei dieser Expedition habe ich das Gefühl, daß wir erfolgreich sein werden. Ich glaube, daß Nick und ich es schaffen, unsere Räder bis auf die Höhe von 5895 Meter zu bringen. Ich bin neugierig, wieviel von der Strecke befahrbar sein wird – hoffentlich das meiste davon!

Es ist für uns eine neue Erfahrung, mit mehr als zwei Leuten unterwegs zu sein. Sicher faszinierend, aber es bringt auch größere Belastungen mit sich. Es gilt mehr zu bedenken, weniger was die Ausrüstung angeht als die Möglichkeit, daß jemand verunglücken könnte. Schlimm wäre es auch, wenn einer unserer Freunde enttäuscht wäre oder sich langweilen würde. Wir müssen sie also in alle Aktivitäten sinnvoll einbeziehen. Auf der anderen Seite muß jedem die Möglichkeit zur Entwicklung eigener Initiativen und zur Erprobung eigener Fähigkeiten gegeben werden.

Das Ziel unserer Expedition ist es, für Wajir eine Windmühle zu finanzieren, indem wir mit unseren Rädern den Gipfel des Kilimandscharo erreichen. Wir können die Spendenaktion günstig beeinflussen, wenn wir das bis zum Silvesterabend schaffen. Das heißt, daß wir alle anderen Interessen zurückstecken müssen, daß uns keine Zeit für ein Sonnenbad, für Souvenireinkäufe oder für einen Museumsbesuch übrigbleiben wird. Sollten einem unserer Freunde der Zeitdruck oder die weniger schmackhaften Begleiterscheinungen unseres Unternehmens nicht zusagen, kann er abspringen, aber wir werden an unserem Plan festhalten.

☆

Wir hatten noch 48 Stunden bis zu unserem Abflug und mußten noch die Fahrräder aus der Originalverpackung schälen, sie überprüfen, sie und die andere Ausrüstung zusammenpacken, Proviant für sechs Leute einkaufen; es gab noch viel zu tun. Dick sah sich nach Stirnlampen, Schuhen, Kompassen und extralangen Zeltpflöcken, die auch im Eis verwendet werden können, um. Kate rief an, daß sie sich um Haferflocken, Suppen- und Milchpulver kümmern werde.

Pete kam von Anglesey. Kaum, daß er seinen Rucksack abgenommen hatte, war er schon dabei, die Pedale der Räder zu montieren. Es war mir ein Rätsel, wie es ihm möglich war, inmitten dieser Hektik so gelassen zu wirken. Die *Sunday Times* wollte Fotos von uns machen, bevor wir London verließen. Dick und ich hatten in zehn Minuten eine Verabredung in einem Fotostudio, wo die Aufnahmen für den Zeitungsartikel über unsere Kilimandscharo-Expedition gemacht werden sollten. Fünf Minuten später kam Kate über die Stufen gestolpert, vollbepackt mit Paketen.

„Seht mal!" Ihre Stimme hatte einen zweifelnden Unterton. „Ich hoffe, ich habe keinen Blödsinn gemacht, aber es gab nur diese Gemüsesuppen, sie reichen für fast 30 Liter." Pete und ich beruhigten sie, indem wir ihr versicherten, daß wir ganz wild nach Gemüsesuppe seien.

Dick war noch nicht von seinem Einkauf zurück, obwohl es Zeit für die Aufnahmen wurde. Nachdem die *Sunday Times* auch Fotos samt unserer Ausrüstung haben wollte, stopften wir den größten Rucksack, den wir hatten, mit Material voll und begaben uns unter der erdrückenden Last, die selbst den stärksten Sherpa veranlaßt hätte, eine Lohnerhöhung zu fordern, auf den Weg zum Studio. Ich sprang auf eines der Fahrräder, worauf der noch nicht justierte Sattel herunterknallte und ich einen heftigen Schlag gegen das Steißbein erhielt; die Lenkstange wirbelte herum, dann fiel auch noch die Kette herunter. Es sah so aus, als hätten die Räder noch eine leichte „Feinabstimmung" nötig.

Wir waren bereits zehn Minuten im Studio, als Dick hereinstürzte und uns eine „Superkopfbedeckung" entgegenstreckte, die er ausfindig gemacht hatte. Man konnte die Mütze bei unterschiedlichsten Wetter- und Klimaverhältnissen benutzen, wie er uns sogleich demonstrierte.

„Seht mal, wenn man sie so faltet, schützt sie vor einem Sonnenbrand im Genick, und auf diese Art – so gefaltet – wird ein Sonnenhut daraus; und so eignet sie sich bei Schneestürmen; und wenn man diese Klappe öffnet, entweicht die Hitze und dafür kommt Luft rein."

Diese Mütze war also genausogut im Everest-Basecamp zu gebrauchen wie bei einem Dschungelmarsch. Sie war blau und sah aus wie ein Teewärmer.

Drei Stunden lang standen wir im heißen, grellen Scheinwerferlicht im Fotostudio, dann fuhren wir nach Primrose Hill, damit Frank Herrmann, der Fotograf, ein paar Aktionsbilder schießen konnte. Der Hügel, den wir mehrere Male hinauffahren mußten, war weder besonders schwierig noch steil und konnte wirklich niemanden beeindrucken, aber irgendwie schienen unsere Räder nicht richtig vorwärtszukommen. Dick meinte danach: „Wir haben uns angestellt wie die reinsten Anfänger. Wenn wir mit diesen Dingern auf den ‚Kili' wollen, müssen wir noch 'ne ganze Menge besser werden."

Auf unserer Heimfahrt wurde uns bewußt, daß wir das nächstemal, wenn wir auf diese Räder steigen würden, in einem anderen Kontinent sein würden und die Umstände bedeutend härter. Plötzlich war unser Vorhaben spürbar nahe gerückt – es schien ernst zu werden!

☆

Dicks Tagebuch, 9. Dezember 1984: Heute nachmittag hatten wir einen Fototermin bei I. T. Morgen ist es soweit. Nick fliegt nach Nairobi. Es ist fast alles gepackt und bereit zum Abtransport. Er muß nur noch alles – einschließlich der Fahrräder – zum Flughafen bringen und die Fluglinie überreden, uns das Übergewicht nicht zu berechnen. Ich habe Nick vor etwa einer Stunde verlassen, um den Nachtzug nach Aberdeen zu erreichen. Nick saß mit geröteten Augen und zerrauftem Haar inmitten von Rucksäcken, Schuhen und restlichem herumliegendem Expeditionsmaterial und starrte entnervt auf das Durcheinander. Armer Kerl! Achtundvierzig Stunden Hektik, und er ist am Boden zerstört. Ich werde nie begreifen, wie er es geschafft hat, mit dem Fahrrad in drei Wochen Europa zu durchqueren und sich dabei nur von Weizengrieß zu ernähren.

☆

Auf dem Weg zum Flughafen begann ich mich zu entspannen. Das Schlimmste war hoffentlich vorüber. Mit einem Gefühl, daß nichts mehr unsere Expedition aufhalten könne, betraten Pete und ich die Abflughalle.

„Und was ist mit diesen Kartons?" fragte der Mann hinter dem Check-in-Schalter, als er den riesigen Stapel Begleitgepäck sah.

„Fahrräder", antwortete ich mit lammfrommer Stimme in der Hoffnung, daß eine so harmlose Transportart eine Sympathiekundgebung hervorrufen und uns den totalen Verzicht auf Übergewichtsgebühr bescheren würde.

Der Mann zeigte keine Regung. „Stellen Sie alles auf die Waage."

Wir folgten der Aufforderung, und die Nadel sprang auf ein Gewicht, das dem Gegenwert von 1300 Pfund Sterling entsprach. Pete sank leicht in die Knie, ich fragte nach dem Manager. Zwischen uns entwickelte sich eine ausgesprochen fruchtbare Unterhaltung, die es möglich machte, unser Unternehmen fortzusetzen.

Fünf Stunden später, am Flughafen von Nairobi, wurden wir mit einer uns nicht unbekannten Situation konfrontiert.

„Wir müssen Ihnen für diese Fahrräder Einfuhrzoll berechnen. Lassen Sie mal sehen ... jedes von ihnen hat also einen Wert von 400 Pfund, das macht 5000 Kenia-Schillinge. Sie können dort drüben bezahlen."

Pete begann wieder in die Knie zu gehen. 5000 Kenia-Schilling waren eine Menge Geld!

„Hören Sie", sagte ich zu dem Beamten, der uns um soviel Geld erleichtern wollte, „wir bringen diese Räder nur für drei Wochen in Ihr Land, dann nehmen wir sie wieder mit. Wir wollen sie hier nicht verkaufen."

„Oh, ich verstehe, aber es bleibt trotzdem bei 5000 Kenia-Schillingen. Zahlen Sie, oder wenn Sie wollen, lassen Sie die Räder am Flughafen, Sie können sie dann bei Ihrer Rückreise wieder abholen."

Unsere Aussichten waren nicht gerade rosig. Da kam mir eine Idee: Wir könnten unsere Fahrräder ja wirklich am Flughafen lassen und uns afrikanische Fahrräder leihen. Vermutlich würden sie sich für die schwierigen Teilstücke unserer Route nicht eignen, aber wir würden sie zumindest gelegentlich benutzen können, vor allem unten in den Dschungelgebieten. Und wenn sie auseinanderfallen sollten, was höchstwahrscheinlich der Fall sein wird, dann tragen wir eben die einzelnen Teile hinauf zum Gipfel, aber wir werden den Kilimandscharo mit Rädern erobern! Ich teilte Pete meine tolle Idee mit. Der rollte nur mit den Augen und riet mir, ganz tief durchzuatmen.

„Es wird schon eine Lösung geben. Warte ab", sagte er dann.

Mittlerweile waren wir die einzigen Reisenden, die in der Ankunftshalle waren. Wir standen da mit unseren sieben Rucksäcken und drei großen braunen Kartons. Der Mann in der weißen, goldbesetzten Uniform unterhielt sich mit ein paar Zollbeamten und warf uns gelegentlich einen Blick zu. Da kam mir eine andere Idee.

„Pete, hör zu, wir könnten doch so lange warten, bis wir den Mann da langweilen, dann packen wir unsere Siebensachen und drücken uns am Zoll vorbei, wenn niemand herschaut."

„Kannst du mir sagen, wie wir mit 130 Kilogramm Gepäck am Zoll vorbeihuschen sollen? Ich glaube nicht, daß es mir gefallen würde, wenn die Männer ihre Schlagstöcke an uns ausprobieren. Übrigens, weißt du eigentlich, daß dir jemand von der anderen Seite der Barriere zuwinkt?"

Ich schaute hinüber. Da stand Bar, Dicks ältere Schwester, die in Nairobi wohnte und mit den lokalen bürokratischen Tücken bestens vertraut war. Sie brauchte nur zwei Stunden, bis die roten Zolletiketten von unserem Gepäck entfernt wurden. Wir schleppten die Rucksäcke und Kartons hinaus in den grauen Sprühregen und verstauten die Sachen im Landrover, der unter der Last zu ächzen begann.

„Was wollt ihr machen, bis Dick in vierzehn Tagen nachkommt?" fragte Bar.

„Wir würden gerne einen Ausflug machen", antwortete ich. „Zu einem Ort mit dem Namen Wajir!"

Mit Nummer neun in den Norden

Auf der Veranda von Bars Haus breiteten wir Landkarten aus. In meinem Atlas in London hatte ich Wajir als einen isolierten schwarzen Punkt am Rande der Boji-Ebene im nordöstlichen Teil Kenias gefunden, etwa zweihundert Kilometer von Somalia entfernt. Bars Karte, die detaillierter war, zeigte ein spinnennetzähnliches, feines Wegenetz, das in die umgebende Wüste ausstrahlte. Zwei der kräftigeren Linien liefen in die Richtung von Nairobi.

Alles, was wir zu tun hatten, war ein Transportmittel zu finden, das sich auf diesen Linien vorwärtsbewegte. Von der katholischen Kirche in Nairobi erfuhren wir, daß zwei Schwestern in Wajir arbeiten, diese aber die Stadt gerade am vorhergehenden Tag verlassen hätten. Wir riefen die Polizei an. Man teilte uns mit, daß wir Wajir nur in Begleitung eines bewaffneten Konvois erreichen könnten.

„Es ist sehr gefährlich für Ausländer, denn es gibt dort viele Shiftas-Banditen", wurde uns gesagt.

Wir erkundigten uns bei AMREF, dem „Flying Doctor Service". Dort waren die Leute nicht optimistischer.

„Wir fliegen gelegentlich nach Wajir, aber niemand von uns fährt dorthin."

Unsere nächste Hoffnung war die Journalistin Mary-Anne Fitzgerald, die für die *Sunday-Times* in Nairobi arbeitete. Sie kannte niemanden, der schon einmal in Wajir war. Auch Mohamed Amin, der Kameramann, der zum erstenmal von der Hungersnot in Äthiopien berichtet hatte, konnte uns nicht weiterhelfen.

Langsam wurde ich nervös, die Zeit lief uns davon. Wir waren bereits drei Tage in Nairobi, und es sah so aus, als würden wir hier festsitzen. Die Leute, die wir fragten, hatten entweder noch nie von diesem Ort gehört oder äußerten sich pessimistisch über unsere Chancen, ihn zu erreichen.

Am vierten Tag teilte mir ein Regierungsbeamter auf meine Anfrage mit, daß man eine polizeiliche Genehmigung benötige, wenn man die Straße nach Wajir benutzen wollte. Diese Genehmigung wäre nur auf schriftlichen Antrag beim Polizeihauptquartier in Nairobi erhältlich. Ich berichtete Bar, die neben mir am Telefon saß, von der gerade erhaltenen Auskunft.

„Polizeiliche Erlaubnis?" rief sie aus. „Warum solltet ihr für eine Reise innerhalb Kenias eine besondere Genehmigung brauchen? Dies ist ein freies Land."

Bar griff nach dem Telefon und machte eine Reihe von Anrufen. Sie sprach mit verschiedenen Missionsgesellschaften, Ärzten, Piloten und mit jedermann, von dem sie dachte, er könne uns helfen. Schließlich hatte sie eine Information, auf die wir die ganze Zeit gewartet hatten. Die Auskunft kam von einem Mr. Warner.

„Nehmt den Bus von Nairobi nach Isiolo, dann wartet auf einen anderen Bus – es gibt gewöhnlich alle drei Tage einen –, oder versucht mit einem Lastwagen mitzukommen, der durch die Wüste zu dem kleinen Ort Habaswein fährt. Von dort aus müßt ihr euch für die letzte Strecke nach Wajir einem Konvoi anschließen."

Es hörte sich ganz einfach an, allerdings war die Zeit inzwischen etwas knapp geworden. Wenn wir drei Tage brauchen würden, um Wajir zu erreichen, würden wir auch drei Tage für den Rückweg benötigen. Wir mußten auf jeden Fall zurück sein, wenn Dick nach Nairobi kam, um dann gemeinsam nach Tansania zu reisen. Es war bereits später Nachmittag, und wir mußten uns schnell entscheiden.

„Haut am besten gleich ab", riet uns die immer entschlußbereite Bar. Wir packten nur das Notwendigste zusammen: eine Jacke, eine Mütze, die Kamera, einige Filme, zwei Wasserflaschen – und die Zahnbürste. Die Schlafsäcke ließen wir zurück, notfalls würden wir unter dem Sternenhimmel schlafen, und unterwegs würden wir sicher etwas zum Essen kaufen können. Ich freute mich darauf, all die Bürokratie und die damit verbundenen Laufereien der letzten Tage hinter uns zu lassen und für ein paar Tage nur mit leichtem Gepäck und einem guten Freund loszuziehen.

Bar brachte uns zur OTC-Busstation nahe der Moschee im Zentrum von Nairobi. Ein Bus sollte um neun Uhr abends nach Isiolo abfahren, aber alle Plätze waren bereits ausverkauft. Ein

Mann mit grüner Cordjacke, offensichtlich der Leiter der Busstation, gab uns eine Adresse in einem weit entfernten Vorort von Nairobi. Er meinte, dort könnten wir Tickets erhalten, die nicht beansprucht würden. Wir zwängten uns in einen verbeulten Stadtbus, der überfüllt war von Afrikanern, die von der Arbeit heimfuhren. Die Adresse, die wir hatten, gab es nicht, doch wir fanden einen Jungen in einem Kiosk, der behauptete, er sei der OTC-Agent. Nein, er hätte keine freien Tickets, aber ob wir nicht Zigaretten oder Süßigkeiten wollten?

Die Dunkelheit rückte schnell heran. Wir sprangen in ein vorbeikommendes *matatu,* einen kleinen zwölfsitzigen Bus, der innen mit in grellen Farben gemalten Zeichnungen, Troddeln und farbigen Lämpchen dekoriert war. Ein Junge, mit einer Zigarette zwischen den Lippen, lehnte sich kühl-lässig während der Fahrt aus der offenen Tür hinaus, zu seinen Füßen plärrte aus einem riesigen Radio laute Beatmusik. Der audiovisuelle Effekt während der Fahrt konnte nur von einer Disco, inszeniert in einer Keksdose, übertroffen werden.

Wieder auf dem Busplatz zurück, erzählten wir dem Mann mit der grünen Cordjacke von unserer erfolglosen Odyssee.

„Wartet hier", sagte er daraufhin.

Zwei Minuten später kam er mit einem breiten Lachen durch die gelbe Tür seines Büros und hielt uns mit ausgestreckten Armen zwei Fahrkarten für den Bus Nummer neun nach Isiolo entgegen.

„Ich habe etwas arrangiert. Hier sind zwei Tickets für euch. Nehmt sie. Der Nachtbus ist übrigens sehr schnell, und es gibt keine Probleme."

Wir fanden beide noch einen Sitzplatz in dem Bus. Die Bänke waren eigentlich für zwei Personen gedacht, aber es saßen jeweils drei Personen darauf. Vierzehn Personen standen im Mittelgang. Die Nacht war heiß. Wir warteten mit schweißglänzenden

Gesichtern auf die Abfahrt und sehnten den kühlen Fahrtwind herbei. Kurz bevor der Bus abfuhr, drängte sich eine grüne Cordjacke durch die Reihe der Passagiere im Mittelgang, kam auf uns zu, schüttelte unsere Hände und sagte: „Gott sei mit Euch, Gentlemen."

Die Nacht ging glücklicherweise schnell vorüber, obwohl an Schlaf kaum zu denken war. Der Bus schaukelte oder sprang über die mit Schlaglöchern übersäte Straße. Pete und ich hatten beide einen Endsitz im Mittelgang, das heißt, wir konnten gerade eine Hinterbacke auf der dünnen Polsterung plazieren. Der geringste Versuch, uns zu entspannen, endete damit, daß wir am Boden landeten.

Der lange Anstieg zum Mount Kenya begann. Hier kam der Bus nur langsam vorwärts. In der Ortschaft Nyeri drängten alle Passagiere zur Tür hinaus und verschwanden für kurze Zeit in der Dunkelheit, dann tauchten sie wieder auf und stelzten mit steifen Beinen zum gegenüberliegenden *Snow-View Café*, um sich dort mit heißem, süßem Tee zu erfrischen. Dann ging die Fahrt weiter. Irgendwann in den frühen Morgenstunden passierten wir den Äquator. Eine Tafel am Straßenrand wies darauf hin.

Isiolo ist der letzte große Ort an der nördlich verlaufenden Straße, dahinter liegt nicht viel mehr als Gestrüpp und Wüste. Kurz vor dem Einbruch der Morgendämmerung kamen wir an unserem ersten Etappenziel an. Wir hielten an der Hauptstraße. Dankbar für die plötzliche Stille und Ruhe fiel fast jeder geradewegs an der Schulter seines Nachbarn in Schlaf. Eine Stunde später tauchte die Sonne über den nahen, niedrigen Hügeln von Mukogodo auf. Schnell füllte sich der Bus wieder mit Hitze.

Die Bezeichnung „Hauptstraße" war eine leichte Übertreibung. Es war ein staubiger Weg, der den Ort in zwei Teile trennte. An beiden Straßenseiten bildeten einstöckige Geschäfte mit bunten Fassaden eine gerade Front. Die ersten Frühaufsteher tauchten auf, um ihre Einkäufe zu tätigen. Einige unserer Mitfahrer suchten die Teestube auf, die sich neben dem parkenden Bus befand, tranken wieder süßen Tee und verzehrten Maiskuchen.

Pete erkundigte sich inzwischen, wann der nächste Bus nach Wajir fahren würde. Er kam mit zwei Biskuitschachteln und einer großen Plastiktüte voll Maiskuchen zurück, genug Vorrat für zwei Tage.

„Du wirst es nicht glauben, Nick, aber da gibt es einen Bus nach Wajir, der soll in einer Stunde abfahren. Das hat man mir zumindest gesagt."

Wir hatten wirklich Glück. Der Bus fuhr nur alle drei Tage, und wir waren gerade an dem Morgen angekommen, an dem er fahren sollte. Rasch kauften wir Tickets und belegten zwei der noch freien Sitze. Diesmal war es ein Fensterplatz und der Platz daneben – direkt über dem Hinterrad. Der Raum zwischen den Bankreihen war äußerst eng. Es war gerade genug Platz, um einen Fuß unterzubringen, was wir mit dem anderen und unseren langen Beinen tun sollten, war uns noch nicht ganz klar. Es würde jedenfalls eine lange Reise werden.

Zwei Männer lagen unter dem Motor auf dem Rücken und versuchten, ein öliges Loch zu stopfen. Ein anderer stand auf dem Dach des Busses und verstaute Säcke, Kartons und Taschen, die ihm zugeworfen wurden. Als alle Waren und alles Gepäck untergebracht waren, wurde eine riesige Wagenplane über das Ganze gezogen und mit langen Stricken verschnürt. Ich stand im Schatten eines Baumes und unterhielt mich mit einem Mann. Er hieß Harrison und arbeitete als Wasserexperte in Mandera an der äthiopischen Grenze. Er erzählte mir, als er das letztemal diese Reise unternommen hätte, sei er mit einem Lastwagen mitgefahren, der mitten in der Wüste zusammengebrochen sei. Sie seien fast verdurstet und hätten schließlich sogar das Wasser aus dem Kühler getrunken. Nachts hätten sie ein Feuer gemacht, um die herumstreunenden Hyänen fernzuhalten. Sie wären so stark, sagte er, daß sie einem Menschen den Arm abreißen könnten. Ich bedankte mich für seinen ermutigenden Bericht.

Endlich rumpelte der vollbeladene Bus hinaus aus Isiolo. Er schlingerte von einer Straßenseite zur anderen, es ging durch tiefe Löcher und über hohe Bodenwellen, die sich bald an Steißbein und Rücken bemerkbar machten. Wir mußten alle Muskeln in unserem Körper anspannen, um etwaigen Verletzungen vorzubeugen. Unser Fahrer schien nicht ängstlich zu sein, konstant hielt er den Fuß auf das Gaspedal gedrückt und fuhr drauflos, auch als die Straße schon verschwunden war, und wir uns auf einer Wüstenpiste befanden. Staub drang durch die Fenster, und bei jedem Hindernis, über das wir holperten und hüpften, mußten wir uns fest gegen die Vordersitze abstützen, um nicht mit dem Kinn auf die Knie zu schlagen. Alle zwei Stunden wechselten Pete und ich unsere Plätze. Derjenige, der am Fenster saß, hatte den Vorteil, den heißen Kopf im Fahrtwind abkühlen zu können.

In einer einsamen Ortschaft, die Kula Mawe (Steine essen) hieß, mußte ein Reifen gewechselt werden, wodurch wir Gelegenheit hatten, unsere bereits unempfindlich gewordenen Beine zu vertreten. Während Pete einen Ziegenfleischeintopf und zwei kalte *chapatis*, die er ergattert hatte, aß, saß ich etwas abseits und dachte an Dick in London. Ich fragte mich, ob er die restlichen Einkäufe hatte erledigen können und ob er all das mitbringen würde, was ich ihm von Nairobi aus noch am Telefon durchgegeben hatte: Ersatzbirnen für Taschenlampen, Glukose-Tabletten, Trockenspiritus, Schmieröl und derartige Dinge.

☆

Dicks Tagebuch, Freitag, 14. Dezember 1984: Nick hat heute angerufen. Während er im heißen Afrika Abenteuer erlebt, sitze ich im langweiligen Großbritannien. Die Straßen von Aberdeen sind inzwischen weihnachtlich geschmückt, und ich muß noch immer im Freien kampieren. Dabei regnet es wie aus Kübeln. Es soll der nasseste Winter seit achtzig Jahren sein. Meine Arbeit ist wie immer: Mikroskop, Karten, Felsanalysen und Bohrausrüstung. Ich bin sicher, Nick und Pete haben mehr Spaß.

☆

Nach einem schweren Regen war die Fahrbahn an manchen Stellen total überflutet. Der Bus „schwamm" durch die braune Brühe und schüttete riesige Fontänen über die blassen Büsche am Wegesrand. Es war immer wie ein Wunder, wenn die Räder wieder einmal heil durch einen der vielen Schlammseen geschlittert waren. Die Fahrgäste verfolgten die Manöver jedesmal mit weit zum Fenster hinausgestreckten Köpfen.

Am frühen Nachmittag waren die Berge hinter uns im heißen Dunst verschwunden, und die Vegetation wurde karger und karger. Bei Garba Tula überquerten wir ein ausgetrocknetes Bachbett und hielten vor einem Polizeiposten, an dem die Ausweise des Fahrers überprüft wurden. Kinder kamen herbeigelaufen und versuchten den Buspassagieren Maiskuchen und *miraa* zu verkaufen. *Miraa* ist eine kleine Pflanze, die angeblich stimulierend wirkt, wenn man sie kaut. Drei Sitze von uns entfernt saß ein Mann, der seit Isiolo dieses Zeug kaute. An seinem Gesichtsausdruck war abzulesen, daß er sich bereits in einem anderen Sonnensystem befand. Doch bevor wir selbst ein Bündel dieser Wunderpflanze erstehen konnten, war der Fahrer zurück, und die Reise ging weiter. Aus dem Geschnatter im Bus entnahmen wir, daß wir so viel Verspätung hätten, daß wir an diesem Tag Wajir nicht mehr erreichen würden. Der vorne sitzende Bus-Agent regte sich über das Gerücht furchtbar auf.

Die Straße wurde noch schlimmer. An manchen Stellen mußte der Fahrer von der Piste herunter und den Bus zwischen Dornenbüschen hindurchsteuern, um weite, schlammige Hindernisse zu umfahren. Mado Gashi, ein öder Ort mit drei Teebuden an der

Kreuzung von zwei Pisten, war unser nächster Halt. Soldaten stoppten unseren Bus. Die Fahrgäste verhielten sich ganz ruhig, um jedes Wort, das die Soldaten zum Fahrer sagten, mitzubekommen. Der Bus dürfe nicht weiterfahren? Es ist zu spät, um die Wüste zu durchqueren? Shiftas? Einige Leute stiegen aus und gesellten sich zu den diskutierenden Soldaten und dem Chauffeur. Keiner schien zu wissen, wie es weitergehen sollte. Wir saßen da und warteten. Langsam wurde es dunkel.

Harrison, der Ingenieur, kam zu uns und erzählte uns die Neuigkeiten: „Es sieht nicht gut aus. Die Soldaten wollen uns nicht erlauben, weiterzufahren. Sie sagen, es sei zu gefährlich, in der Dunkelheit nach Wajir zu fahren. Wir müssen bis morgen warten." Wir setzten uns mit Harrison in eine der Teestuben und tranken Limonade. Später kletterten Pete und ich auf das Busdach und fanden zwischen den Gepäckstücken eine Mulde zum Schlafen. Unter uns, im Straßenstaub, sammelten sich rund um zwei Paraffinlampen die anderen Reisenden. Wir krochen unter eine Ölplane. Das leise Gemurmel der Leute spülte wie sanfte Wellen über uns hinweg. Über uns funkelten die Sterne wie Diamanten auf schwarzem Samt. Völlig zufrieden schlief ich ein.

Als der Motor angelassen wurde, wachten wir auf. Es war 6 Uhr morgens. Harrison erzählte uns, daß der Fahrer hoffte, Wajir am Nachmittag zu erreichen.

Eine Stunde später, und wir befanden uns mitten in der Wüste, die eintönig flach vor uns lag. Wir hielten vor ein paar Hütten: Habaswein.

Hier wurde uns eine Eskorte von drei Soldaten zugeteilt. Die restlichen 110 Kilometer nach Wajir waren ein endloser Weg durch eine fast unerträgliche Hitze. Unsere bewaffneten Begleiter standen in der Nähe der Bustür, die Gewehre einsatzbereit in den Händen. Wir passierten zwei Armee-Lastwagen, die mit dösenden Soldaten besetzt waren. Ein junger Mann, auf dessen Brust sich zwei Patronengürtel kreuzten, stand auf dem Dach der Fahrerkabine, während zwei andere Soldaten unter der offenen Motorhaube herumhantierten.

Wajir

Die Nacht verbrachten wir schwitzend in einem kahlen quadratischen Raum, der außer einem einzelnen Bett, über dem ein Moskitonetz hing, kein Mobiliar enthielt. Wajir liegt so gut wie abgeschnitten von der Außenwelt mitten in der Wüste. Es besitzt weder Telefon noch Elektrizität, abgesehen von zwei Generatoren. Es gibt allerdings eine schmale Landebahn, die von Hilfsorganisationen und dem Militär benutzt wird.

Die Einheimischen sind vorwiegend Nomaden, deren Lebensgrundlage ihre Viehherden sind. Mit der Anzahl ihrer Rinder, Kamele und Ziegen steht oder fällt ihre Existenz. Dieselbe Dürre, die so viele Äthiopier das Leben gekostet hat, hat auch im nördlichen Kenia großen Schaden angerichtet. Der Großteil der Rinderherden ist ihr zum Opfer gefallen. Die meisten Brunnen sind ausgetrocknet, und Hunderte von Kindern waren an einer Masernepidemie gestorben, die noch grassierte, als wir dorthin kamen. Verschiedene Hilfsorganisationen hatten sich dieser Region angenommen. Getreide und Bohnen wurden von Mombasa aus per Lastwagen hergebracht, und verschiedene Versorgungslager wurden rund um Wajir errichtet. Ein Mitarbeiter vom Internationalen Roten Kreuz erzählte uns, daß vor einem Jahr ein schreckliches Massaker nördlich der Stadt stattgefunden hatte. Die Männer eines Stammes waren angeblich auf einer eingezäunten Landebahn zusammengepfercht und dort Hunger und Hitze ausgesetzt worden. Einige meinten, daß eintausendvierhundert

Menschen starben, andere sprachen von dreitausendfünfhundert Opfern. Etwa tausend Familien waren danach ohne Männer.

Gleich an unserem ersten Morgen suchten Pete und ich das TB-Manyatta-Spital auf. Es war ein seltsames Gefühl, plötzlich dem wirklich gegenüberzustehen, war für uns in London eine abstrakte Idee gewesen war. Die Anlage umfaßte etwa zweihundertfünfzig kleine Strohhütten, die verstreut um ein festes Gebäude herumstanden, in dem das Ärzteteam und medizinische Geräte untergebracht waren. Im Schatten der Hütten oder halbverdorrter Bäume saßen einzeln oder in Gruppen die Patienten, kauten *miraa*, unterhielten sich oder beobachteten die anderen. Alle paar Minuten wurde die brütende Stille von heftigem Husten, der aus schwerkranken Lungen hervordrang, unterbrochen.

Ein Junge lud uns in seine aus Holzabfällen und Stroh errichtete Unterkunft ein. Durch einen schmalen Eingang betraten wir einen kleinen Raum, in dem es gerade Platz für zwei aus Holzpfosten und Stricken errichtete Schlafstellen gab. Im Inneren war es dunkel bis auf ein paar Sonnenstrahlen, die durch die Ritzen im Strohdach hereindrangen und kleine Lichtflecke auf den sandigen Boden warfen. Es war angenehm kühl in der Hütte. Der Junge, der etwa vierzehn Jahre alt war, sprach recht gut Englisch. Er war erst seit einigen Wochen hier.

Die meisten Patienten bleiben für sechs Monate. Das Ärzteteam erzielt mit der Anwendung von Chemotherapie recht gute Erfolge, wie man uns sagte. Wenn sich die Patienten von ihrer Lungenerkrankung erholt hätten, kehrten sie zu ihren Familien und ihren Herden zurück.

Tuberkulose ist eine Krankheit, die den davon betroffenen Menschen schwächt und entkräftet. Viele der Kranken waren entsetzlich abgemagert. Trotzdem mußten sie regelmäßig den weiten Weg von ihrer Hütte zur nächsten Wasserstelle, die sich am anderen Ende der Straße befand, machen. Diese eine Wasserleitung diente der ganzen Hospital-Anlage einschließlich des Personals. Alles Wasser, das zum Trinken, Waschen oder für medizinische Zwecke benötigt wurde, mußte von hier in Tonkrügen oder in Emailschüsseln geholt werden.

Man mußte nicht viel Vorstellungsvermögen besitzen, um die Dringlichkeit einer direkten Wasserversorgung für das Hospital einzusehen. Es war bereits ein Wassertank neben einem Brunnen gebaut worden, doch der Brunnen war außer Gebrauch. Steve Wales, ein Entwicklungshelfer, sagte uns: „Die Patienten sind nicht kräftig genug, um das Wasser mit Kübeln hochzuziehen, und Handpumpen sind unzuverlässig. Eine Windmühle wäre gerade das richtige hier."

Kulturell gesehen war die Siedlung Wajir für die wandernden Somali-Nomaden ohne Bedeutung. Nach ihrer traditionellen Lebensweise kannten sie nicht das Bedürfnis nach einem festen Ort. Sie lebten ihr eigenes Leben, zogen mit ihren Kamelen, Ziegen und Rindern durch den Busch und errichteten an jedem Platz, der ihnen zusagte, einfache Hütten.

Wajir war rein zufällig zum Mittelpunkt internationaler Hilfsorganisationen geworden: Das Internationale Rote Kreuz half hier, um die Hungersnot zu lindern, und „Oxfam" verteilte Ziegen an die Familien, die ihr Vieh durch die Dürreperiode verloren hatten; den Witwen wurde geholfen, ihre *shambas* zu bewässern, und die Krankenstation wurde errichtet, um die Tuberkulose, über die niemand gerne sprach, zu bekämpfen. Das Leben in Wajir war auf das Existenzminimum reduziert. Überleben – das war alles, was zählte. Gemessen an all den Dingen, die hier fehlten, war unsere geplante Windmühle nur eine unzureichende, hilflose Geste – wie ein Tropfen auf einen heißen Stein.

Am Abend des dritten Tages aßen wir zusammen mit Steve. Für ihn gab es nur einmal täglich eine Mahlzeit, das war am Abend, und jeden Abend in den letzten sechs Monaten hatte es Ziegenfleisch, Kohl und gekochte Kartoffeln gegeben. Steve erzählte uns auch, daß er bereits einige Male an Malaria erkrankt war.

In unserer kargen Unterkunft sammelten sich um den Schein der Paraffinlampe Moskitos und andere Insekten. Wir zündeten zwei Moskitospiralen an, deren Qualm Moskitos fernhält. Steve hatte uns gewarnt, daß durch diesen Rauch die Augen rot werden, deshalb trat ich noch einmal kurz vor die Tür und sah hinauf zum sternenübersäten, funkelnden Himmel. Vielleicht hingen die Sterne hier deshalb so tief, um den Notleidenden Trost zu spenden und sie mit ihrem hellen Glanz zu erfreuen.

Am nächsten Morgen verließen wir Wajir. Ich hatte kein gutes Gefühl dabei. Ich spürte, daß wir von jenen beobachtet wurden, die den Ort nicht verlassen konnten, die nicht die Möglichkeit hatten, diese staubige, kranke Welt hinter sich zu lassen. Wir kamen uns wie TV-Zuschauer vor, die einen Dokumentarbericht über aufrüttelnde Notstände gesehen hatten und nun an einem Knopf drehten, um dieser erbarmungswürdigen Szene zu entfliehen. Das einzige, das uns von anderen Weißen, die diesen Ort verließen, unterschied, war, daß wir nicht das Flugzeug, sondern wieder den Überlandweg nahmen, um in eine komfortable, gesunde, reiche und ignorante Welt zurückzukehren.

Der nächste Bus sollte an diesem Morgen fahren, aber er fiel – wie wir es schon fast erwartet hatten – aus. Wir tranken süßen Tee und fragten den Jungen, der die Tische in der Teestube reinigte, ob er nicht von einem Lastwagen wüßte, der in südwestliche Richtung fahre. Etwas später eilte der Junge auf uns zu und rief: „Kommt schnell, ich habe ein Fahrzeug für euch gefunden."

Es war ein grüner Toyota-Kombi, der gerade abfahren wollte. Wir zwängten uns mit neun anderen Passagieren durch die schmale Öffnung der Wagenplane, die die Ladefläche umschloß. Der Fahrer, ein kräftiger junger Mann in rotem T-Shirt, hatte vermutlich ein eigenes Abkommen mit der Polizei, und so fuhren wir ohne die übliche Eskorte los. Der Wagen raste und holperte in voller Fahrt vorwärts und zog eine riesige Staubwolke hinter sich her. Die Ladefläche, auf der wir zu elft zusammengepfercht hockten, hatte ein Ausmaß von etwa 2,5 × 1,5 Meter. Wir wurden ordentlich durchgeschüttelt und bekamen in ununterbrochenen Schlägen den metallenen Boden und die harten Seitenwände zu spüren. Durch die kleine rückwärtige Öffnung drang etwas Licht herein; die Gesichter der Mitreisenden zeigten keine Emotionen und glänzten vor Schweiß. Vor der ersten Teebude machten wir über eine Stunde lang Rast, da unser Fahrer seinen Ersatzreifen einem anderen auslieh. Wir saßen im Sand und unterhielten uns mit Jackson, einem freundlichen Mann, der über Weihnachten seine Familie besuchen wollte, was eine Reise von ungefähr drei Tagen bedeutete. Er erzählte uns von einem Nomaden, den er in Mandera getroffen hatte. Dieser Mann war krank und hatte andere Leute um 200 Schillinge gebeten, damit er sich den Bus nach Isiolo leisten könne, wo es ein Krankenhaus gab. Doch niemand wollte dem Mann das Geld geben, da er 300 Kamele und um 1000 Schafe besaß, ein ansehnliches Vermögen. Als Jackson ihn gefragt hatte, warum er denn nicht zwei seiner Tiere verkaufe, um die Busreise finanzieren zu können, hatte ihm der Nomade geantwortet, daß er keine Tiere verkaufen könne, da diese die Lebensgrundlage seiner ganzen Familie seien, ohne die Tiere könnten sie ihre Existenz nicht aufrechterhalten. Auf der anderen Seite konnte der Mann die 200 benötigten Schillinge nicht aufbringen: ein unglaubliches Dilemma.

„Die Nomaden sind eben anders. Ihr Vieh bedeutet ihnen alles. Sie würden eher ihr Leben lassen, als eines ihrer Tiere zu verlieren", schloß Jackson seine Erzählung.

☆

Auf halbem Weg durch die Wüste versank der Toyota im Schlamm. Es war der ungastlichste Ort, den man sich nur vorstellen konnte. Es war so heiß, daß wir das Gefühl hatten, in einer Bratpfanne zu schmoren. Außerdem befanden wir uns mitten im Shifta-Gebiet, und niemand war erpicht darauf, länger an diesem Platz herumzuhängen. Einer der älteren Männer unserer Gruppe packte eine Schaufel, als wollte er ganz allein den Wagen ausgraben, doch stieß er so heftig in den Boden, daß der Griff abbrach. Daraufhin warf er die Schaufel zur Seite und begann, auf allen vieren kriechend, den Schlamm mit den bloßen Händen wegzuräumen. Die nassen Erdbrocken flogen nur so in alle Richtungen. Nun schlossen sich auch die anderen an und halfen, den Weg für die Räder zu ebnen, und nach einer halben Stunde war der Wagen aus dem schlammigen Hindernis befreit.

In Garba Tula bekam unser Freund Jackson Ärger mit der Polizei. Er hatte eine neue Thermosflasche aus Somalia bei sich, aber keine Rechnung dafür. Um die Thermosflasche entstand nun eine heftige, laute Diskussion. Nachdem Jackson hartnäckig und mit Gesten, die sein Nichtverständnis ausdrücken sollten, um seine Thermosflasche gekämpft hatte, glaubten ihm die Polizisten schließlich, daß er kein Schmuggler war. Jackson durfte das umstrittene Ding behalten, und wir konnten unsere Fahrt fortsetzen.

Nach neunstündiger Stahlmassage auf der Toyota-Ladefläche wurden die ersten Berge vor uns sichtbar. Die Wüstendurchquerung ging ihrem Ende entgegen. Wir folgten einer schmalen Fahrspur, die sich zum Wald von Meru aufwärts wand. Büsche an dem Wegesrand schabten an den Wagenseiten, und bald war die Landschaft von großen Bäumen und gelben Schmetterlingen belebt. Der Chauffeur stoppte und schüttete einen Eimer voll Wasser über den Motor, um ihn abzukühlen. Als Antwort ertönte ein lautes Zischen. Wir alle lachten erleichtert. Die Wüste lag hinter uns.

Nachdem wir für den Rückweg nur halb so lange gebraucht

hatten wie für die Hinfahrt, stand uns noch ein Tag zur Verfügung. Während wir in der Dämmerung zusammen mit Jackson auf ein *matatu* warteten, das uns nach Meru bringen sollte, hatte ich den Einfall.

„Wie wär's, wenn wir diesen Tag auf den Mount Kenya steigen würden, damit wir uns ein wenig an die Höhenluft gewöhnen?"

„Hört sich gut an", antwortete Pete. Aber im Augenblick war er mehr daran interessiert, sich nach der langen Fahrt in der fahrenden Folterkammer auf einem weichen Bett bequem auszustrecken.

In Meru verabschiedeten wir uns von Jackson, der zu müde war, um weiterzureisen. Bevor er sich jedoch ein Hotel suchte, half er uns noch, ein anderes *matatu* zu finden. Dieses kreiste unzählige Male, nach Passagieren Ausschau haltend, durch die Stadt, bevor wir endlich über die Ausläufer des Mount Kenya nach Nanyuki fuhren. Da wir nur noch wenig Geld bei uns hatten, suchten wir nach dem billigsten Hotel im Ort. Zwei Stunden später, herrlich gesättigt von Grillfleisch, Maisbrei und Kartoffeln, planten wir unseren Ausflug zum Mount Kenya. Dann ging ich in den ersten Stock des Hotels zum Telefon. Ich wollte Bar anrufen, um ihr mitzuteilen, daß wir in zwei Tagen in Nairobi zurück sein würden. Ich hatte gerade den Hörer abgenommen, da spürte ich einen heftigen Stoß zwischen die Rippen. Eine kräftige, schwarze Lady stand neben mir und drückte mich gegen die Wand. Im Feldwebelton fragte sie: „Was machst du heute abend?"

„Ich ... ich ... ich wollte eigentlich im Hotel bleiben."

„Gut so, ich werde unten auf dich warten."

Hüftschwingend schritt sie abwärts, wobei die Stufen unter ihren Füßen geräuschvoll ächzten. Etwas langsam von Begriff, wie immer, kam ich ein paar Minuten später zu Pete zurück. Ich fand ihn, Panik im Gesicht, in Gesellschaft der Dame, deren Bekanntschaft ich gerade gemacht hatte, und einer anderen Lady von

gleich wuchtiger und fülliger Statur, die sich Grace nannte.
„Nick, weißt du eigentlich, wo wir gelandet sind?"
„In einem Ein-Stern-Hotel?"
„Es ist ein Bordell!"

Training am Mount Kenya

Dick: Nachdem außer Nick und mir keiner der anderen unserer kleinen Expeditionsgruppe Erfahrung mit Höhenluft hat, wird die Besteigung des Kilimandscharo für sie ein neues, interessantes Erlebnis werden. Dr. Mike Townend, unser Arzt und erfahrener Himalaja-Bergsteiger, sagte uns: „Die wichtigste Regel ist, langsam aufzusteigen und öfter eine Rast einzulegen. Bis etwa 3500 Meter Höhe spielt es keine Rolle, wie schnell man geht, aber darüber muß man mit zunehmenden Schwierigkeiten rechnen, die durch Kälte, Schweißverlust, Anstrengung, Erschöpfung oder Kreislaufstörungen entstehen können. Je rascher man hochsteigt, desto schwerer ist es, sich zu akklimatisieren. Und wenn ihr auch noch versucht, mit einem Rad den Gipfel in möglichst kurzer Zeit zu erreichen, dann ist euch wohl klar, daß dies ein gewagtes Unternehmen ist. Ich würde euch raten, eine Nacht in einer Höhe von ungefähr 3500 Metern und ein oder zwei Tage in etwa 5000 Meter Höhe zu verbringen, bevor ihr den Gipfel stürmt."

Ich habe bereits am eigenen Leib erfahren müssen, was Höhenkrankheit bedeutet. Noch während meiner Studienzeit hatte ich zusammen mit Ados den Mount Kenya zu enthusiastisch in Angriff genommen. Später erging es mir am Cotopaxi in Ecuador und am Rotang La in Nepal noch einmal so. Die dünne Luft bereitet einem Atemnot, Kopfschmerzen, Schwindelgefühl, Übelkeit und extreme Müdigkeit.

Mike Townend gab uns Diamox mit, ein neues Mittel, das den Körper bei der Anpassung an große Höhen unterstützt. Der Effekt des Präparats ist, daß man mit der Akklimatisation einen Tag der tatsächlichen Höhe voraus ist. Mike riet uns, mit der Einnahme von Diamox zwei Tage vor Erreichung von 3000 Metern zu beginnen. Ich hoffe, daß Nick und Pete die Zeit haben, auf den Mount Kenya zu steigen. Auf diese Weise könnten sie sich an die Höhenluft gewöhnen, was nur von Vorteil sein kann.

☆

„Glaub mir, es wird eine nützliche Erfahrung für uns sein", sagte ich beim Frühstück zu Pete. „Wir könnten auf etwa viertausendfünfhundert Meter hinaufgehen, das wäre hoch genug, um herauszufinden, wie wir auf Höhenluft reagieren."

Pete sah mich nachdenklich an. Er war noch nie höher als 3000 Meter gewesen.

„Erst müssen wir das verdammte Ding kriegen."

Wir traten hinaus in das grelle, gleißende Tageslicht. Auf der Hauptstraße trafen wir drei Soldaten, die uns in ihrem Lastwagen bis nach Naro Moru mitnahmen. Vor uns lag der Mount Kenya, seine weißen Gletscher leuchteten weiß über dem dunklen Wald. In einer Lodge am Fuße des Berges liehen wir uns für ein paar Schilling zwei Schlafsäcke, eine Jacke und zwei Eispickel. Es war Mittagszeit, als wir uns auf den Weg zum 20 Kilometer entfernt liegenden Eingang des Nationalparks machten. Gegen fünf Uhr nachmittags erreichten wir ihn. Der wachhabende Posten warnte uns davor, weiterzugehen, da bei Einbruch der Dunkelheit die wilden Tiere aus dem Wald kommen und den Wanderpfad benutzten. Besonders vor den Büffeln warnte er uns.

Wir sahen auf unsere Uhren: noch eine Stunde bis zum Einbruch der Dunkelheit. Der Posten meinte, wenn wir es bis dahin bis zum nächsten Camp schaffen würden, dürfte es keine Probleme geben. Wir setzten uns sofort in Bewegung, und er rief uns noch nach: „Nehmen Sie sich vor den Büffeln in acht, die sind wirklich gefährlich, vor allem, wenn sie allein auftreten!"

Vom Parkeingang aus führte der Weg durch dichten Tropenwald. Auf den Bäumen saßen Affen, die uns neugierig betrachteten, und durch Lücken in der saftiggrünen Vegetation sahen wir weit unter uns, eingetaucht in blaugrauen Dunst, die Niederung, aus der wir hochgestiegen waren. Die tiefstehende Sonne, umrahmt von Wolken, sandte blasse Strahlen zu uns. Es war herrlich kühl und ruhig. Welch ein Unterschied zu der vorausgegangenen unerträglichen Hitze der Wüste und den stinkenden, lärmenden Fahrzeugen der letzten Tage.

Plötzlich sahen wir ein riesiges Tier, groß wie ein Bus, vor uns. Schwarz und drohend stand der Büffel mitten auf dem Weg. Sein haariges Gesicht starrte uns unfreundlich entgegen, und seine zwei spitzen Hörner waren gegen uns gerichtet. Pete – ich nannte ihn später einen verrückten Selbstmörder – bestand darauf, weiterzugehen. Ich zögerte.

„Sieh mal, das Biest ist so groß wie eine Lokomotive, und ich glaube, es ist darauf aus, uns mit seinen Hörnern aufzuspießen. Ich wär' eher dafür, auf einen Baum zu klettern und zu warten, bis das Ungeheuer verschwunden ist."

Ich sah mich auch gleich nach einem geeigneten Baum um. Viele standen um uns herum, aber sie alle hatten hohe, glatte Stämme, an denen man sich nicht festhalten konnte. Pete ging weiter, und ich folgte ihm mit wackligen Knien. Nach einigen Metern kletterten wir eine Böschung abwärts, in der Hoffnung, auf diese Weise an dem Büffel vorbeizukommen. Doch als wir mit ihm auf gleicher Höhe waren, fuhr mir der Schreck durch alle Glieder: Der Büffel stampfte mit seinen Vorderfüßen auf den Boden, daß die Erde rund um uns erbebte und mächtige Staubwolken aufstiegen. Dann – mein Gott! – kam er auf uns zu, um sich plötzlich, aus unerklärlichen Gründen, umzudrehen und sich unter ohrenbetäubendem Krachen und Splittern in den Dschungel zurückzuziehen. Wo er hindurchbrach, blieb eine Spur der Verwüstung zurück. Solange wir das Vieh noch wie einen Bulldozer durch das Unterholz donnern hörten, wagten wir nicht zu atmen – wir waren wie gelähmt. Schließlich kamen wir wieder zu uns. „Verdammt, das war knapp", brachte ich nur hervor.

Dank der Gastfreundschaft einer Gruppe englischer Bergsteiger blieb es uns erspart, die bitterkalte Nacht im Freien zu verbringen. Bereits im Morgengrauen verließen wir ihr Lager wieder und setzten unseren Anstieg fort, um bis Mittag so hoch wie möglich zu kommen. Die Luft war am Morgen in einer Höhe von 3500 Metern eisig kalt. Um mich warm zu halten, wickelte ich mich in den Schlafsack ein. Unsere ganze Tagesration bestand aus vier Maiskuchen und einer halben Dose Ananasmarmelade. Mit knurrendem Magen versuchte ich mir einzureden, daß dies ein gutes Training für den Kilimandscharo wäre. Nach Sonnenaufgang erreichten wir das Teleki-Tal, und im Laufe des Vormittags kamen wir noch bis zum Mackinder-Camp, das sich in einer Höhe von ungefähr 4000 Metern befand.

Wolken brodelten im Kessel unterhalb des Batian- und Nelion-Gletschers. Schneeschauer wirbelten durch das Camp. Es war ein eindrucksvoller Anblick: Von den runden, kuppelförmigen Hängen des Vulkans ragten Felsnadeln und steile graue Wände bis zu sechshundert Meter in die Höhe, wo sie an das herabhängende Eis der Gletscher grenzten. Alle markanten Punkte waren nach den Erstbesteigern oder ihren geographischen Eigenschaften benannt: „Shipton's Peak", „Mackinder's Gendarme" und „Thomson's Flake" rieben sich ihre Schultern an „Diamond Couloir" und dem „Gate of Mists".

Über uns konnten wir den weißen Lewis-Gletscher sehen und das Eisfeld, das Ados und ich Anfang des Jahres überquert hatten. Letzten Februar wollten wir die Gipfel des Mount Kenya, den

Nelion und den Batian innerhalb von zwei Tagen bezwingen. Wir hatten nur das allernotwendigste Gepäck bei uns, und als Proviant hatten wir nicht mehr mit als eine Dose Sardinen, einige Kekse und Maiskuchen für drei Tage. Aber wir kamen nicht weit. Wir wurden höhenkrank und mußten so rasch wie möglich in tiefere Regionen absteigen.

Ich hoffte, daß wir uns diesmal besser akklimatisiert hatten. Pete und ich fühlten uns gut und bemerkten kaum Anzeichen der Höhenkrankheit. Wir sahen das als ein gutes Omen für unsere Kilimandscharo-Expedition an. Mit vor Kälte klammen Fingern machten wir noch einige Aufnahmen, dann kehrten wir in das Tal zurück. Gegen Mitternacht erreichten wir Nairobi.

Das Team versammelt sich

Bar und ihr Ehemann Rod leben bereits seit einigen Jahren mit ihren zwei Söhnen in Nairobi. Rod hat sogar den größten Teil seines Lebens in Kenia verbracht. Die beiden kennen sich aus mit der Bürokratie des Landes und dank ihrer tatkräftigen und umsichtigen Hilfe war alles Notwendige erledigt, als ein paar Tage vor Weihnachten nach und nach die Expeditionsmitglieder eintrafen. Bar überließ Pete und mir eines ihrer Zimmer. Dieses hatten wir so mit Ausrüstungsmaterial vollgestopft, daß uns erst nach zwei Tagen auffiel, daß wir den Raum noch mit einem weiteren Gast teilten. Steve aus Essex hatte während seiner Weltumsegelung bei den Seychellen Schiffbruch erlitten. Nun lebte er in Nairobi und baute Segelboote. Er bewies seine vielseitigen Talente genauso beim Auffinden von Schmieröl für unsere Fahrradketten wie beim Organisieren der zahlreichen Sondergenehmigungen, die wir für unseren Trip benötigten.

Michèle traf ein und erzählte uns von ihrem letzten Abenteuer. Per Lastwagen und zu Fuß war sie durch den Busch zu dem Dorf Nzeluni gereist, wo sie 1978 ein Jahr lang an der Schule Englisch unterrichtet hatte. Man hatte ihr damals auch die Verantwortung als stellvertretende Schulleiterin übertragen. Michèle berichtete uns: „Nzeluni hat sich kaum verändert. Es besteht immer noch aus ein paar Hütten, die sich um den Marktplatz herumgruppieren, in dessen Mitte sich zwei rote Fahrspuren kreuzen. Ich ging die drei Stunden von der Hauptstraße zu Fuß, aber der ‚Buschtelegraf' hatte bereits mein Kommen angekündigt, und einige Leute liefen mir entgegen. Die Veränderung an der Außenwand der Teestube fiel mir erst am nächsten Morgen auf: Früher waren wilde Tiere darauf gemalt, jetzt sind es Mädchen in Bikinis. Die einfachen Hütten, in denen ich unterrichtet hatte, stehen nun unbenützt da. Statt dessen hat man einige neue Gebäude aus Beton gebaut. Für das Baumaterial, das auswärts eingekauft werden mußte, hat sich die Schulverwaltung in große Schulden gestürzt; verzweifelt sucht man nach irgendwelchen Geldquellen. Die Schule hat auch einen neuen Schulleiter bekommen.

Schlimmer als die finanzielle Not ist für die Leute jedoch die Dürre, von der die Region seit zwei Jahren heimgesucht wird. Wasser muß im nächsten Dorf, das 20 Kilometer entfernt liegt, von Straßenhändlern gekauft werden. Die Schüler transportieren es in großen metallenen Behältern auf ihren Köpfen heran. Doch trotz der Not, unter der das Dorf leidet, haben mich die Einheimischen warmherzig empfangen. Ich besuchte auch meine Freundin Phoebe in ihrem Heim. Wir hatten zusammen unterrichtet. Nun hat sie zwei Kinder, eines davon schaukelte auf ihrem Rücken, während sie Kleider wusch. Es war schön, wieder einmal bei alten Bekannten zu sein."

☆

Kate und Maggie hatten ein paar Tage am Indischen Ozean nördlich von Mombasa verbracht, um sich „aufzuwärmen". Von Moskitos zerstochen kamen sie nach Nairobi zurück, wo unter vielen anderen Aufgaben eine lange Einkaufsliste auf sie wartete. Wir brauchten noch Mehl, Kerzen, Zündhölzer, Taschenlampenbatterien, Zucker und Schokolade – vor allem Schokolade. Darin sahen wir unser allerwichtigstes Nahrungsmittel. Dick und ich hatten die Erfahrung gemacht, daß Schokolade eines der wenigen Dinge war, was auch noch über 4500 Metern schmeckte. In Bars Kühlschrank begannen sich Schokoladenriegel und -tafeln übereinanderzutürmen, und meine größte Sorge war, daß wir sie vergessen könnten. Eigentlich hatten wir jetzt alles beisammen; was noch fehlte war – Dick.

☆

Dicks Tagebuch, 23. Dezember 1984 (auf dem Flug von London nach Nairobi): Ein neuer Tag dämmert über Äthiopien. Unter mir sehe ich braune, dürre Hügel, zwischen denen sich ausgetrocknete Flußläufe winden. Dort leiden durch die Dürre Tausende von Afrikanern unter Armut, Krankheit und Hunger.

In einer Höhe von über 12 000 Metern und mit einer Geschwindigkeit von 640 Stundenkilometern überqueren wir die nordwestliche Grenze von Kenia, wechseln von einem vom Kommunismus beeinflußten Land in ein kapitalistisches. Aber es gibt keine geographische Linie für den Hunger. Zu beiden Seiten der Grenze die gleiche Dürre, die sich von keiner Politik bestechen läßt.

Die Sonne steigt wie ein großer, roter Ball am Horizont auf. Weiter im Osten liegt Wajir. Ob Pete und Nick es geschafft haben, da hinzukommen? Ob eine Windmühle den Leuten dort wirklich helfen kann? Oder wird es die Nomaden aus der Steppe dazu verleiten, sich in die Abhängigkeit des Ortes zu begeben?

Die langen Schatten über den Tälern werden kürzer. Gelegentlich kann ich staubige Straßen, die sich zwischen den Hügeln winden, ausmachen. Die Halbwüste erstreckt sich endlos nach Westen, der Sahara entgegen. Zwei einsame Bergkuppen sind als Silhouetten im Osten erkennbar. Und da ist der Turkanasee. Ganz in der Nähe liegt Lodwar. Dieser Ort ist mit starken Erinnerungen verbunden. Es war vor elf Jahren, als Onkel Bill Ados und mir je 300 Pfund hinterließ. Mit diesem Geld flogen wir nach Ostafrika. Wir besuchten Wildparks und Touristenstrände. Wir hatten zwar Spaß, waren aber irgendwie enttäuscht, vermißten irgendwelche tiefergehenden Erlebnisse. Da wir noch eine Woche übrig hatten, beschlossen wir, diese abseits der Touristenpfade zu verbringen. Auf Lastwagen fuhren wir nordwärts, bis wir in Lodwar landeten. Der Ort bestand aus ein paar armseligen Hütten und Reisigwänden als Windschutz. Die Landschaft rundherum war Sand und Felsen, ein paar Grasbüschel, Akazien und Dornenbüsche. Es war das erstemal in unserem Leben, daß wir Menschen begegneten, die noch ursprünglich lebten. Einige trugen nichts weiter als ein Lendentuch, andere hatten sich einfache braune Decken über die Schultern geworfen, ein oder zwei alte Männer waren ganz nackt. Die Frauen hatten ihre Haare in komplizierter Weise zu Zöpfen geflochten und trugen schwere, bunte Halsketten mit phantasievollen Ornamenten. Das Leben war hier so ganz anders, als wir es bis dahin kennengelernt hatten. Hier fanden wir zum erstenmal Zugang zu einer anderen Welt. Hier machten wir die wichtigste Erfahrung in unseren jungen Jahren. Seither ist viel Zeit vergangen, ausgefüllt mit Klettern, Reisen, Radfahren, Studium. Ados hat in Saudi-Arabien gearbeitet, ich in Südamerika; wir haben viele Länder gesehen, aber niemals vergaßen wir Lodwar.

Nun gibt es ein neues, ein ganz anderes Abenteuer zu bestehen. Zum erstenmal erwartet man von unserem Unternehmen ein Resultat. Und das einzige Resultat, das akzeptiert wird, ist Erfolg. Ich hoffe, Nick und ich können die in uns gesetzten Erwartungen erfüllen.

Der Turkanasee ist meinen Blicken entschwunden. Die Stimme einer Stewardeß holte mich aus meinen Gedanken zurück.

„Bitte anschnallen, wir landen in fünfzehn Minuten in Nairobi."

☆

Nachdem Dick ein kräftigendes Frühstück hinuntergeschlungen hatte, verließen wir Nairobi in Richtung Norden. Ein paar Stunden später waren wir am Ostafrikanischen Graben. Die ziemlich trockene Landschaft war mit Buschwerk bedeckt, vereinzelt reckten sich Vulkankegel empor. Wie eine riesige Pfütze lag der Naivasha-See im Rift Valley. Östlich des ruhigen Gewässers stiegen die Abhänge des Rift Valley, riesigen Stufen gleich, zu den Aberdare-Bergen an.

An einem dieser Abhänge lag *Trees*, ein kleines Haus mit Garten. An diesem 23. Dezember 1984 konnte man dort einzelne Teile von Saracen-ATB-Mountain-Bikes herumliegen sehen. Die ganze Mannschaft unserer Kilimandscharo-Expedition hatte sich hier versammelt. Pete sah von den vorangegangenen Tagen immer noch leicht mitgenommen aus. Dick, ein paar Stunden zuvor in Kenia gelandet, machte sich sogleich daran, die Räder zusammenzusetzen. Alle wollten so rasch wie möglich die Drahtesel ausprobieren. Vor dem Haus befand sich ein grasiger Hügel, ideal für diesen Zweck. Auch die Höhe von 2500 Metern war günstig für die beiden Trainingstage. Wir wollten noch einige Änderungen an den Fahrrädern vornehmen und experimentierten mit verschiedenen Höhen der Sättel und Lenkstangen. Je länger wir die Räder fuhren, um so mehr waren wir überzeugt, daß wir die superkleinen Übersetzungen, die Dick mitgebracht hatte, brauchen würden.

☆

Dick: Greg Oxenham von *Bike UK* in London ist Experte, was das Zusammensetzen von Fahrrädern betrifft. Er war es, der unsere Räder für unsere erfolgreiche 14-Gipfel-Tour in Nordwales ausgestattet hatte. Und als ich ihm vor ein paar Tagen mit der Bitte kam, für uns geeignete Zahnkränze, Schaltungen, Kabel und Werkzeug zur Montage aufzutreiben, war er auch diesmal äußerst hilfsbereit. *Bike UK* versorgte uns ebenfalls mit Ersatzschläuchen, Bremshebeln und Flickzeug. Diese Dinge hatte ich in größter Hetze kurz vor dem Abflug nach Nairobi abgeholt.

Im Garten von *Trees* machten sich neugierige, kleine Finger ans Werk und räumten die Kartons aus. Bars Söhne, „JJ" und Adrian, entdeckten, daß sich mit den 36zähnigen Zahnkränzen hübsche Muster auf Michèles Beine machen ließen. Rod, Pete und Steve stellten plötzlich fest, daß wir für die Montage der hinteren Räder einen besonderen Schraubenschlüssel brauchten, den wir nicht besaßen. Da kam uns das Improvisationstalent des Hausbesitzers zu Hilfe.

Rod spannte einen Schraubenschlüssel, den er in einem Werkzeugkasten gefunden hatte, in seinen alten Schraubstock und feilte mit einer riesigen Feile so lange daran herum, bis er paßte.

☆

Die Veränderungen, die wir an den Rädern vornahmen, waren radikal. Rod, der Erfahrungen mit Rennwagen hatte, überlegte alle möglichen technischen Theorien, die uns das Erklimmen des Kilimandscharo erleichtern könnten. Er „vergriff" sich sogar an dem dritten Fahrrad, das wir als Ersatz mitgenommen hatten. Er drehte die Lenkstange herum und drückte sie so tief wie möglich auf den Rahmen, dann stellte er den Sattel hoch, um so maximale Kraft zu erwirken. Ich stellte mir die entsetzten Gesichter der Saracen-Fahrraddesigner vor, wenn sie das Ergebnis von Rods Versuchen gesehen hätten. Aber damit konnten wir die steilsten Hänge angehen. Stundenlang probierten Rod, Dick und ich sie im Gelände aus, fuhren über abfallende Böschungen und sprangen über scharfe Kanten. Von einer dieser Ausfahrten kam ich allerdings mit einem Loch im Bein zurück. Ich war über die

Lenkstange hinweg auf felsigen Boden gepurzelt. Wir hatten noch eine Menge zu lernen!

Am nächsten Tag hatten wir die Absicht, die Räder auf den steilen Hängen des Grabenbruchs zu testen. Anschließend wollten wir uns mit den anderen, die schon vor Tagesanbruch zur Besteigung des 3000 Meter hohen Vulkans Longonot aufbrechen wollten, auf einer Farm, die Rods Tante gehörte, treffen.

☆

Dicks Tagebuch, 23. Dezember 1984, Trees: Es ist alles so aufregend! Endlich haben wir unsere Mountain-Bikes gründlich ausprobieren können. Der Grabenbruch ist zwar nicht mit dem höchsten Berg Afrikas zu vergleichen, aber er ist steil, schroff und kann einen das Fürchten lehren.

Wir testeten die Räder, soweit unsere Nerven es zuließen. Auf den Pedalen stehend meisterten wir hohe Geschwindigkeiten und ließen keine Gelegenheit aus, kleine Sprünge zu üben. Dieses Gelände half uns wertvolle Erfahrungen zu sammeln – und wir lernten schnell dazu.

Zu dritt jagten wir über die steile Oberfläche des Grabenbruchs, zwischen Dornbüschen und Felsblöcken hindurch. Es war ein unheimlicher Nervenkitzel. Als ich einmal auf losem Geröll nicht mehr abbremsen konnte, landete ich mit meinem Gesicht fast in einem Bienennest, das in einem niedrigen Strauch hing. Doch kein Wort des Mitleids kam, weder von meinem Cousin noch von meinem Schwager; beide johlten auf, als sie in halsbrecherischem Tempo an mir vorbeirasten. Ich holte sie wieder ein, als wir die Räder über ein Geröllfeld tragen mußten. Als wir später wieder aufsteigen konnten und nebeneinander unsere Fahrkünste demonstrierten, zog Rod so hart an der Vorderbremse, daß er vom Rad stürzte. Enthusiastisch rief er aus: „Es ist einfach phantastisch, wie die Bremsen funktionieren!"

Wir rasten an ihm vorbei über Erdbuckel und Grasbüschel. Nick schloß enge Bekanntschaft mit einem Dornbusch, nachdem er einen mittleren Felsbrocken unterschätzt hatte. Es machte riesigen Spaß, unsere Geschicklichkeit, die mit jeder Panne größer wurde, zu erproben.

☆

Wir kamen uns vor wie Schuljungen auf ihren neuen Fahrrädern, die sie zu Weihnachten erhalten hatten. Ein Massai-Hirte, der mit seinem Speer neben einem Baum saß, sah uns mit großen, erstaunten Augen entgegen, als wir an ihm vorbei über grasige Buckel holperten. Er verschwand sofort im nahen, dichten Gestrüpp. Eine Zebraherde stob vor uns in alle Richtungen davon.

Ein ausgetrocknetes Flußbett gab uns Gelegenheit, neue Erfahrungen zu sammeln. Wir hatten schnell gelernt, die Vorderräder anzuheben, das Problem war nur, daß die Hinterräder nicht gleich folgen wollten. Am schmalen Rand einer Schlucht versuchte ich Gleichgewichtsübungen zu machen und wäre beinahe hinabgestürzt, wäre es mir nicht gelungen, mich im letzten Augenblick auf die Seite zu werfen.

Wir versuchten auch eine Lösung zu finden, wie wir am besten unser Gepäck transportieren könnten. Zur Wahl stand, Seitentaschen am Hinterrad anzubringen oder einen Rucksack auf dem Rücken zu tragen. Nach diesem Nachmittag waren wir überzeugt, daß die zweite Lösung die geeignetere war. Die Tragtaschen würden unser Gleichgewicht nur beeinträchtigen. Befindet sich jedoch die Last auf dem Rücken, bleibt das Rad leichter lenkbar, und es läßt sich besser über schwierige Passagen manövrieren. Das Gewicht des Rucksacks kann auch je nach Geländeverhältnissen nach vorne, rückwärts oder seitlich verlagert werden. Sicherheitshalber wollten wir aber die Seitentaschen trotzdem mitnehmen.

Wir brauchten drei Stunden, bis wir die Farm erreichten. Die Reifen hatten die Fahrt gut überstanden, nicht einmal die riesigen Dornen hatten ihnen etwas anhaben können; sie schienen wie gepanzert zu sein. Dagegen waren die Radfahrer ziemlich angeschlagen. Wir waren völlig ausgepumpt, innerlich ausgetrocknet und in Schweiß gebadet, und wir hatten uns die schönste Sammlung von farbenprächtigen Beulen und kleinen Schnitten zugezogen. Schlimmer waren allerdings unsere Muskelschmerzen an den Füßen. Es tat so weh, daß wir kaum gehen konnten. Das stundenlange Balancieren auf den Fußballen machte sich jetzt bemerkbar, und auch unsere Handflächen waren nach ununterbrochenem Kampf gegen bockende Lenkstangen und Unebenheiten mit Blasen bedeckt. Wir hätten Handschuhe tragen sollen!

Eine Stunde später tauchte die Longonot-Mannschaft auf, von Kopf bis Fuß mit Staub bedeckt und voll neuer abenteuerlicher Eindrücke, die ihnen der Vulkan vermittelt hatte. Sie hatten es bis zum Kraterrand geschafft. Der Aufstieg in drückender Hitze und der Aufenthalt in großer Höhe waren für sie ein gutes Training gewesen.

Wir tranken Tee und Bier, um unseren gewaltigen Durst zu löschen, und aßen ein Currygericht, dessen Schärfe noch lange nachwirkte. Dann packten wir unsere Räder zusammen und fuhren zurück nach Nairobi. Es war der Heilige Abend. Der erste Weihnachtstag begann mit frischen Mangos und Pfannkuchen zum Frühstück. Wir setzten ihn fort mit einem Besuch in der Kathedrale, wo die Leute händeklatschend die Gesänge begleiteten. Anschließend erfrischten wir uns im Swimmingpool und setzten uns mit riesigem Appetit an den Mittagstisch. Als uns bewußt wurde, daß dies unsere letzte richtige Mahlzeit für eine Weile sein würde, wurde unser Appetit augenblicklich größer.

Eine böse Überraschung

Dicks Tagebuch, 26. Dezember 1984: Am Morgen verließen wir Nairobi und fuhren mit dem Landrover Richtung Tansania. Wir hatten einige Reservekanister mit Benzin und unsere drei Räder auf dem Dach befestigt. Im Inneren waren wir zu sechst mit zahllosen vollgestopften Rucksäcken untergebracht. Jeder von uns versuchte aus dem Fenster zu schauen, um soviel wie möglich von der Landschaft und seinen Bewohnern zu sehen. Schwarze Kinder winkten uns zu. Zwei Mädchen in Schulkleidern transportierten Feuerholz auf ihren Köpfen. Frauen in farbenfrohen *kangas* lachten uns zu. Ein Lastwagen mit schwerem Anhänger lag im Straßengraben, während drei Männer in ölverschmierten Overalls an dem riesigen Motorblock herumbastelten. Ein paar Kinder standen neugierig um sie herum.

Wir sahen grüne Maisfelder, dunkle Mangobäume, Avocados, die wie grünes Wachs glänzten, dürre Kaffeesträucher, dichte Bananenstauden – und Schwärme von Fliegen. Traditionelle Lehmhütten und moderne Bungalows wechselten sich ab. Ein Junge in grauen Shorts und zerrissenem blauem Hemd saß am Straßenrand und verkaufte Tomaten aus einem Karton; ein alter Mann hockte stolz auf einem großen, schwarzen vorsintflutlichen Fahrrad.

Doch vor allem blickten wir gespannt nach Südosten, wo sich der große Berg befinden mußte. Im Geiste sahen wir ihn schon vor uns – mächtig und weiß über den Wolken thronend. Aber noch waren wir 160 Kilometer von ihm entfernt, und er war noch nicht auszumachen.

☆

Noch eine Hürde stand uns bevor: die Grenze zwischen Kenia und Tansania. Wir mußten mit bürokratischen Schwierigkeiten rechnen. Der Grenzübergang bei Namanga bestand aus einer Ansammlung von Hütten, die um die beiden Grenzstationen – jeweils etwa 100 Meter voneinander entfernt – verstreut waren. Hinter den in der Sonne glitzernden Blechdächern stieg die Buschlandschaft sanft zu vulkanischen Hügeln an.

In Nairobi hatte man uns erzählt, daß für den Landrover wie für die Fahrräder Export- und Importlizenzen am Grenzübergang verlangt werden würden. Deshalb hatten wir wohlweislich einen ansehnlichen Stoß von Formularen zusammengesammelt und sie fein säuberlich ausgefüllt. Eines dieser Formulare mußte nicht in der üblichen zwei- oder dreifachen Ausfertigung, sondern siebzehnfach vorgewiesen werden.

Wir ließen Michèle auf den Mann in Uniform los. Sie wußte mit solchen Leuten umzugehen. Freundlich unterhielt sie sich mit dem Grenzposten und erzählte ihm ausführlich von unserer Leidenschaft für Fahrräder und daß wir unsere Ferien in seinem wunderschönen Heimatland radfahrend verbringen wollten. Der Mann zeigte sich geschmeichelt und winkte uns zur Weiterfahrt durch, nachdem wir einen Betrag zurückgelassen hatten, der allen Grenzwächtern ein Jahr lang ihr tägliches Bier gewährleisten würde. Wir waren sicher, daß uns nun nichts mehr davon abhalten konnte, unser Vorhaben zu verwirklichen.

☆

Dick: Als der König der Berge Afrikas endlich sichtbar wurde, packte uns eine euphorische Stimmung. Zwar lag der Kilimandscharo nur undeutlich im Dunst vor uns, aber immerhin – er war da! Er war nicht mehr nur ein Phantasiegebilde. Der riesige Kegel mit seiner eindrucksvollen Schneehaube stieg steil aus der weiten Ebene empor.

☆

Eine Stunde nach Einbruch der Dunkelheit erreichten wir das im Kolonialstil erbaute *Marangu-Hotel,* das von Mrs. Gordon-Bennett geführt wurde. Man hatte uns gesagt, daß wir uns bei ihr melden sollten. Sie würde uns die Träger besorgen, und bei ihr mußten die notwendigen Trekkinggebühren bezahlt werden. Nach zehnstündiger Fahrt durch den staubigen Busch freuten wir uns auf diese Rast und auf eine Tasse Tee. Dick und ich gingen in das Hotel und trafen eine grauhaarige Dame, die nach unseren Wünschen fragte.

„Wir wollen nur rasch alles Nötige mit Ihnen besprechen. Unsere Fahrt auf den Berg soll morgen früh vor Tagesanbruch losgehen."

„Was meinen Sie mit ‚Fahrt'? Haben Sie Motorräder?" fragte sie. „Nein, nein – Fahrräder. Wir wollen mit Fahrrädern auf den Kilimandscharo fahren!"

„Das kommt gar nicht in Frage. Das ist nicht erlaubt. Vor einem Monat waren zwei Australier hier. Sie hatten auch Fahrräder bei sich. Wir mußten sie auch wieder wegschicken. Es tut mir leid. Wenn Sie mir nicht glauben, gehen Sie zu Mr. Nassari, den Oberaufseher des Nationalparks. Er wird Ihnen dasselbe sagen."

Ich war wie gelähmt. Dick sagte kein Wort. Was für eine Hiobsbotschaft! Warum hatten wir nicht früher daran gedacht, uns darüber Auskünfte einzuholen? Die anderen vernahmen stumm die Neuigkeit. Wir zwängten uns wieder in den Landrover, und Pete fuhr langsam an. Ich warf einen gequälten Blick auf den Kilimandscharo. Dunkel und rund wie ein überdimensionaler Weihnachtspudding, der Gipfel weiß, wie mit Schlagsahne betupft, schien er uns verhöhnen zu wollen. Eben noch war er zum Greifen nahe gewesen, nun schien er uns unerreichbarer denn je.

Während unserer 14-Gipfel-Tour in Nordwest-Wales auf dem Crib-Goch-Grat. Unten: In Wajir, im trockenen Nordosten Kenias, wird dringend eine Wasserpumpe benötigt

Small
is

Links: Frühmorgens auf schmalen Pfaden in den unteren Regionen des Regenwaldes. Oben: Dies war die bequemste und am wenigsten schmerzhafte Art, die Räder zu tragen. Unten: Im Kilimandscharo-Nationalpark können Bergsteiger in Mandara in kleinen Hütten übernachten

Nebel und Regen in der oberen Regenwaldregion erinnerten uns stark an das schottische Hochland. Unten: Auf 3500 Meter Höhe ist uns das Lachen ein wenig vergangen. Rechts: Mit dem Gepäck auf dem Rücken – statt auf dem Gepäckträger – waren wir im hindernisreichen Gelände beweglicher

Picknick in Horombo (v.l.): Kate, Maggie, Nick, Dick und Michèle. Unten: Die letzte Wasserstelle. Danach gibt es erst in der Eisregion wieder Trinkwasser – durch Schneeschmelzen

Oben links: Um beim Tragen die Schultern zu schonen, haben wir Schaumstoff um ein Rahmenrohr gewickelt. Oben rechts: Bei Horombo kontrolliert Dick noch mal die Radlager. Unten lings: Maggie, unsere wandelnde Flora- und Fauna-Enzyklopädie. Unten rechts: Pete, der unermüdliche Fotograf

Die Nationalpark-Verwaltung ist sehr besorgt über die Umweltschäden. Auf dem Sattel zwischen Mawenzi und Kibo bleibt zum Beispiel jede Fußspur abseits des Weges jahrelang sichtbar

Das Spiel kann beginnen

Sollte das wirklich das Ende sein? Nach all den nervenaufreibenden Hindernissen, die sich uns in den Weg gestellt hatten und die wir mit Glück oder Hilfe guter Geister beseitigt hatten: die Flugtickets, die wir erst im letzten Augenblick erhalten hatten; die Angst vor der Übergewichtsgebühr; der Zollbeamte in Nairobi; die Ungewißheit, ob Dick einen Platz im Flugzeug erhalten würde; die Begegnung mit dem wilden Büffel und unsere Sorgen um mögliche Schwierigkeiten an der Grenze nach Tansania? Nachdem wir so weit gekommen waren, sollte uns da wirklich noch irgend etwas aufhalten?

☆

Dick: Nichts wird uns jetzt zurückhalten können. Nick und ich haben unsere Räder bekommen, unsere Ausrüstung, die Unterstützung unserer Freunde, und wir stehen bei I. T. im Wort. Nein – nichts und niemand soll unseren Plan zunichte machen! Wir werden auf den Berg hinaufkommen! Wir müssen uns nur überlegen, wie!

Jeder kam mit einem anderen Vorschlag: Wir könnten bei der Hauptverwaltung des Nationalparks anfragen, ob sie nicht ihre Meinung in bezug auf Fahrräder ändern könnte. Eine andere Idee war, die normale Bergsteigergebühr zu entrichten und zu versuchen, die Räder, in Teile zerlegt, durchzuschmuggeln. Kate schlug vor, an den Wächtern vorbeizurasen und ihr Geschrei einfach zu ignorieren. Maggie meinte, wir sollten es nächstes Jahr noch einmal versuchen. Michèle war für eine harte Auseinandersetzung mit der Parkverwaltung. Nick und ich dachten daran, die geplante Route zu vergessen und den Berg von der anderen Seite anzugehen. Wir könnten auch versuchen, statt auf den Kilimandscharo auf den Mount Kenya hinaufzufahren.

Schließlich einigten wir uns alle auf eine direkte Konfrontation mit der Verwaltung. Wir machten uns auf den Weg. Während die anderen im Landrover zurückblieben, gingen Nick und ich durch die Dunkelheit auf das Haus zu, in dem Licht brannte. Es war die Snackbar. An den Tischen saßen Träger, Führer und Parkpersonal. Mr. Nassari, ein klug und gepflegt aussehender Mann, lehnte an der Theke. Wir starteten einen ersten Versuch, um das Eis zu brechen, und luden ihn zu einem Bier ein. Doch er lehnte ab. Mir schwante, daß wir eine lange Diskussion vor uns hatten.

Mr. Nassari wußte nicht, daß wir die beiden Egozentriker waren, die es sich in den Kopf gesetzt hatten, auf Fahrrädern den Kilimandscharo zu erobern – und wir hatten nicht die Absicht, es ihm zu erzählen, vorläufig jedenfalls nicht. Ganz zwanglos unterhielten wir uns mit ihm über allgemeine Expeditionsbestimmungen, über unsere Bergbegeisterung und über unser Team. Obwohl wir uns locker und leger gaben, kamen wir ihm sicher ein wenig komisch vor. Ich mußte Nick unauffällig gegen das Schienbein stoßen, um ihn vom Grinsen abzuhalten. Als wir Mr. Nassari erzählten, wir hätten die Absicht, seinen Park durch unser Engagement zu unterstützen, den Tourismus zu fördern, rief er seinen Stellvertreter hinzu. Nach und nach einigten wir uns mit ihnen über Träger, Führer und Gebühren für unsere Expedition, die wir als ungewöhnlich bezeichneten, ohne genauer darauf einzugehen. Dann berichteten wir von I. T. und dem eigentlichen Anlaß unseres Unternehmens. Beiläufig erwähnte ich, daß wir Fahrräder für unsere Expedition benützen werden.

Hätte Mr. Nassari in diesem Augenblick ein Glas in der Hand gehalten, es wäre ihm wahrscheinlich vor Schreck aus der Hand gefallen. Er hatte grundsätzlich nichts gegen Expeditionen zugunsten karitativer Organisationen, nichts gegen Foto-Expeditionen, nicht einmal gegen „komische" Expeditionen – aber mit Fahrrädern? Wir versuchten ihn zu beruhigen. Damit waren wir schließlich so erfolgreich, daß er sich für unsere Idee genauso begeisterte wie wir. Er umarmte uns und ernannte uns zu „Freunden des Kilimandscharo".

☆

Während Dick mit Mr. Nassari über ökologische Untersuchungen in den Tropen diskutierte, hielt ich mich im Hintergrund. Ich hoffte nur, Dick würde die richtigen Worte finden. Es schienen die richtigen gewesen zu sein, denn als wir die Snackbar verließen, hielten wir ein Stück Papier in der Hand, unseren „Paß" für den Kilimandscharo.

Ich konnte es kaum fassen, daß es nun nichts mehr, absolut gar nichts mehr gab, das uns an unserem Vorhaben hindern konnte. Ich hätte vor Freude laut schreien können! Dick grinste von einem Ohr zum anderen.

Als wir uns den anderen, die zwei Stunden lang geduldig im Landrover auf unsere Rückkehr gewartet hatten und uns nun erwartungsvoll und gespannt entgegensahen, näherten, setzten wir tieftraurige Mienen auf.

„Schlechte Nachrichten, Freunde", sagte ich mit langgezogenem Gesicht.

„Ja", sagte auch Dick betrübt, „es ist aussichtslos. Sie wollen uns nicht hinauflassen. Aber es gibt eine andere Route, die etwa 100 Kilometer von hier auf den Berg führt. Wir könnten gleich hinfahren, vorausgesetzt, daß wir noch genug Benzin im Tank haben, und versuchen, dort eine Genehmigung zu erhalten."

Pete sah uns lustlos an. Er schien nicht darauf erpicht zu sein, nachts auf unbefestigten Straßen mit begrenzten Benzinreserven herumzukurven – zumal wir zehn anstrengende Stunden hinter uns hatten.

„Das Problem bei dieser anderen Route ist", fuhr Dick gnadenlos fort, „daß unterhalb des Gipfels eine nahezu senkrechte Eiswand zu überwinden ist."

Pete kletterte mit steifen Beinen aus dem Wagen und meinte dumpf: „Hört sich etwas gefährlich an." Eisklettern gehörte nicht zu seinen Lieblingsbeschäftigungen. „Und was machen wir jetzt?"

„Nun, ich sag' euch, was wir jetzt tun werden", antwortete Dick und seufzte in gespielter Verzweiflung. „Wir werden jetzt da drüben in die Snackbar gehen und eine warme Mahlzeit zu uns nehmen. Sie sollte, wenn es nach Mr. Nassari geht, in zehn Minuten auf dem Tisch stehen. Dann werden wir in das Zimmer gehen, das er für uns reserviert hat und uns aufs Ohr legen. Und morgen früh", Dicks Stimme konnte seinen Triumph nicht mehr unterdrücken, „werden wir dem Wächter am Eingangstor diesen weißen Zettel vor die Nase halten", er wedelte mit dem Passierschein vor den anderen hin und her. „Und zur Mittagszeit werden wir . . ."

„Ihr Stinktiere!"

Unser Expeditionsfotograf hüpfte plötzlich in die Höhe – dann umarmten wir uns alle lachend wie die Kinder.

Wir brauchten eine Stunde, bis wir unsere ganze Ausrüstung in dem kleinen Raum untergebracht hatten. Dick und ich überprüften noch einmal die drei Räder. Unser Plan für morgen war folgender: Dick, Peter, der das Ersatzfahrrad fahren sollte, und ich wollten ganz früh aufbrechen, um bis elf Uhr so hoch wie möglich zu kommen, dann wollten wir Aufnahmen für die *Sunday Times* machen und so schnell wie möglich zurück zum Marangu Gate eilen, wo wir das Bildmaterial an Mary-Anne Fitzgerald übergeben wollten. Wenn alles klappte, würden die Fotos am darauffolgenden Morgen in London sein.

Das bedeutete zwar, daß Dick und ich die erste Aufstiegsetappe zweimal machen mußten, aber – so versicherten wir uns zumindest gegenseitig – das würde ein gutes Training für uns sein.

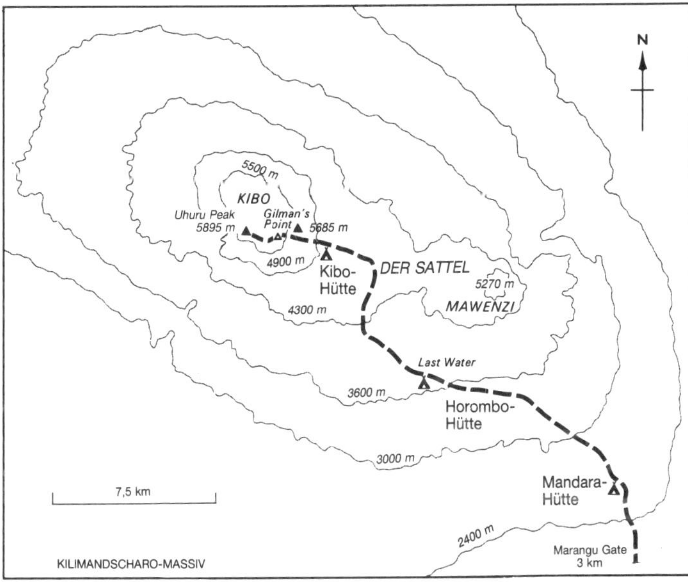

Während Dick, Pete und ich unterwegs waren, würden Kate, Maggie und Michèle die Rucksäcke packen und sich um die Träger kümmern. Wir breiteten die Karte aus und überprüften noch einmal die ganze Route. In spätestens sechs Tagen wollten wir auf dem Gipfel sein. Am ersten Tag wollten wir durch den Dschungel bis zur Mandara-Hütte gelangen. Für den zweiten Tag hatten wir uns als Ziel die Horombo-Hütte vorgenommen, die oberhalb der Waldzone auf 3719 Meter Höhe liegt. Von da an würden wir uns im Bereich der dünnen Luft bewegen und würden zunehmend mit der Höhenkrankheit rechnen müssen. Am dritten Tag wollten wir über die niedrige Flanke des Mawenzi bis zum Plateau am Fuße des Kibo, der als 900 Meter hoher Vulkankegel den Hauptgipfel des Kilimandscharo bildet, vordringen. In der Nähe der Kibo-Hütte, die sich auf 4720 Meter Höhe befindet, könnten wir unser drittes Camp aufschlagen. Am vierten und fünften Tag sollten das letzte Stück hinauf zum Kraterrand und der Uhuru Peak, der höchste Gipfel des Kilimandscharo, zu bewältigen sein. Der Hin- und Rückweg wird eine Länge von ungefähr achtzig Kilometer umfassen.

☆

Dicks Tagebuch, spät in der Nacht, Marangu, 26. Dezember 1984: Kili – wir kommen! Ja, morgen ist es soweit. Jede Menge Zeugs liegt herum. Kaum zu glauben, was wir alles dabeihaben. Muß alles in die Rucksäcke. Die Mädchen werden sich morgen um die Träger kümmern. Eine Arbeit, um die ich sie nicht beneide. Es bedeutet Feilschen und sich mit gerissenen Leuten auseinanderzusetzen. Ich wüßte nicht, nach welchen Kriterien ich einen Träger auswählen müßte. Hätte keine Ahnung, wie groß eine Last sein darf, welchen Preis sie verlangen können, ob wir für ihre Verpflegung zu sorgen haben, ob sie Trinkgeld bekommen. Nichts für mich!

☆

Es gab kaum noch Platz in dem Raum. Pete blickte seufzend auf seine ausgebreitete Kameraausrüstung. Er konnte sich nur schwer entscheiden, welche Linsen er mitnehmen und wie er alles am besten packen sollte, damit es immer griffbereit war. Es war halb drei Uhr morgens, als wir endlich unsere Sachen zusammengepackt und die letzten Veränderungen an den Rädern vorgenommen hatten.

Drei Stunden später waren wir schon wieder auf. Während die Mädchen noch schliefen, aßen Pete, Dick und ich ein Frühstück, das aus Brot und Ananasmarmelade bestand. Draußen war es noch dunkel. Leise schoben wir die Räder hinaus in die kühle Nachtluft. Es war kaum zu fassen – aber unsere Räder rollten dem Kilimandscharo entgegen!

„Es war auch allerhöchste Zeit", murmelte Dick, als wir in der frühen Morgendämmerung des 27. Dezember 1984 zu unserer Expedition aufbrachen.

Aufbruch im Morgengrauen

Dicks Tagebuch, 27. Dezember 1984: Zwei Wachposten, bis zu den Ohren in schwere, khakifarbene Mäntel gehüllt, saßen mit ihren Gewehren am Eingangstor zum Nationalpark. Wir sahen keinen Grund, sie aufzuwecken, und trugen unsere Räder an ihnen vorbei. Nach der ersten Wegbiegung setzten wir die Räder ab und fuhren los – das heißt, wir wollten es, doch ich kam nicht voran. Ich trat in die Pedale und sie bewegten sich auch ein wenig, aber dann hörte ich ein häßliches Geräusch. Es kam von der Übersetzung. Ich stieg ab und untersuchte die Gangschaltung. Die Kette war, ohne zu greifen, über das Zahnrad geglitten und abgesprungen, weil ich im Stand in einen höheren Gang geschaltet hatte, ohne daß sich die Räder gedreht hatten. Glücklicherweise ist nichts weiter passiert. Aber das darf nicht wieder vorkommen!

Ich packte die Kette und setzte sie richtig ein. Nun waren meine Hände voll Schmieröl. Wir waren noch keine hundert Meter weit gekommen, und schon hatte ich die erste Panne. Ich stieg wieder auf. Nick war schon ein ganzes Stück entfernt. Ich versuchte ihn einzuholen und geriet dabei so außer Atem, daß ich an meiner Kondition zu zweifeln begann. Wir waren erst 2000 Meter über dem Meeresspiegel. Es konnte nur noch schlimmer werden!

☆

Zu beiden Seiten des Weges erwachte der dunkle Regenwald. Seine Bewohner kreischten, pfiffen und schnatterten. Vögel und

Affen schienen am muntersten zu sein. Die Luft war still, wodurch sich das Keuchen, das aus meiner Lunge drang, besonders laut anhörte. Am Anfang war der Weg breit und fest genug für ein vierrädriges Fahrzeug. Aber es dauerte nicht lange, und der Weg wurde schmaler und steiler. Mit morgendlicher Trägheit schalteten wir in die niedrigeren Gänge.

Ich hatte das Gefühl, in meiner Thermo-Kleidung zu kochen. Nach fünfzehn Minuten hielt ich an und zog mich bis auf ein T-Shirt aus. Der Weg wurde noch enger und steiler, die Bäume kamen näher und schlossen uns ein. Wir fuhren durch einen dunklen Blättertunnel; Farne und Luftwurzeln streiften unsere Ellbogen. Der Pfad war teilweise schlammig, und die Räder rutschten über feuchtes Gestein. Überraschenderweise waren schlammige Stellen für unsere starken Canyon-Express-Reifen kein Problem, sie bissen sich durch und fanden einen sicheren Halt. Kurze, scharfe Felsstufen tauchten auf, und wir mußten sie – aus dem Sattel heraus – angehen, indem wir das Vorderrad anhoben und das Hinterrad die Steigung hinaufdrückten. Der Tag brach an, ohne daß wir es bemerkten.

Wir erreichten eine Tafel mit der Aufschrift: „Nach Mandara eineinhalb Stunden." Pete wurde es leid, auf dem Fahrrad zu fahren. Das Fahren und gleichzeitige Fotografieren wurde ihm einfach zuviel. In einer Kurve verschwand er, und als er zurückkam, war er ohne Rad. Er hatte unter einem dichten Blätterdach ein passendes Versteck für den Drahtesel gefunden. Auf dem Rückweg konnten wir es wieder mitnehmen.

„Zu Fuß bin ich schneller", brummte Pete. Dick und ich gaben uns Mühe, ihm das Gegenteil zu beweisen.

Außer uns war zu dieser frühen Stunde niemand unterwegs. Wir hatten das wundervolle Gefühl, als hätten wir die Welt für uns allein. Als wir höher kamen, änderte sich die Vegetation. Gekräuseltes Farnkraut hing von den Bäumen, die in diesem aufregenden Arboretum wuchsen. Der Weg war an manchen Stellen nur fußbreit und wand sich durch dichtes Unterholz, das gegen die Speichen schlug. Über zwei Bäche führten schmale Brücken aus glitschigen Baumstämmen, und wir stießen auf den ersten Sumpf.

☆

Dick: Wir befanden uns nun auf einer Höhe von etwa 2500 Metern. Rund um uns stand immer noch dichter Dschungel. Der Weg wurde schlammiger. Hervorstehende Baumwurzeln machten uns zu schaffen. Wir hatten oft Mühe, die Balance zu halten, denn Gummireifen finden schlecht Halt auf nassem Holz. So dauerte es auch nicht lange – mein Rad schlitterte seitwärts, und ich landete im Morast. Die einzige Methode, diese Wurzeln zu überlisten – ohne abzusteigen und das Rad zu tragen –, war, sie frontal im rechten Winkel anzugehen, die Lenkstange hochzureißen, so daß das Vorderrad über das rutschige Hindernis gelangte und das Hinterrad seitlich nachgezogen werden konnte.

☆

Am späten Morgen kamen wir vorübergehend aus dem Wald heraus. Helle Sonnenstrahlen begrüßten uns. Weiter ging es über eine bucklige Wiese, die von Heidekraut übersät war, und über einen Bergkamm. Wir waren noch etwa eine Stunde von der Mandara-Hütte entfernt und beschlossen, daß dies weit genug sei, um uns endlich eine Ruhepause zu gönnen. Wir fanden einen geschützten Platz, aßen Brot und Datteln und knabberten an Sesamwaffeln, während wir den Bericht für die *Sunday-Times* schrieben. Nach unseren bis hierher gemachten Erfahrungen glaubten wir, daß wir mit dem Berg zurechtkommen würden.

Wir machten einen Plan für den weiteren Tagesverlauf. Während Pete an dieser Stelle auf die Fahrräder aufpassen würde, wollten Dick und ich mit dem Bericht und dem Fotomaterial zurück ins Tal, um am Nachmittag mit den Mädchen wieder heraufzusteigen. Auf dem Rückweg wollten wir auch Petes Fahrrad mit nach Marangu nehmen. Wir verließen Pete, der sich zu einem Sonnenbad in eine Mulde zurückgezogen hatte. „Laß die Räder nicht aus den Augen", warnten wir ihn.

Der große Regen

Energiegeladen liefen wir den Weg zurück. Wir hatten ausgemacht, daß ich das im Wald versteckte Ersatzrad mitnehmen sollte, während Dick mit dem Material für die *Sunday Times* schon vorausrannte. Es war wichtig, daß wir es bis spätestens dreizehn Uhr an Mary-Anne übergaben, damit sie noch rechtzeitig nach Nairobi kam und das Nachtflugzeug nach London erreichte.

Während ich das Rad aus seinem Pflanzen- und Blätterversteck befreite, lief Dick weiter abwärts und entschwand aus meinem Blickfeld. Ich hatte die feste Absicht, vor ihm in Marangu anzukommen, denn was würde es für einen Eindruck machen, wenn er zu Fuß schneller als ich mit dem Rad war? Das würde doch auch gegen die Abfahrtsqualität unserer Mountain-Bikes sprechen. Außerdem gehörte es zu unseren Spielregeln, um keinen Preis den anderen gewinnen zu lassen!

Ich bin noch nie in meinem Leben so schnell abwärts gefahren und habe noch nie so große Sprünge mit einem Rad gemacht. Ich konnte kaum das Tempo unter Kontrolle halten und war sicher, daß ich Dick zwei Kilometer vor dem Ziel einholen werde, da diese Strecke schneller zu fahren als zu laufen sein mußte. Aber es sollte nicht sein! Ausgerechnet in einer übersichtlichen Kurve tummelte sich mitten auf dem Weg eine Pavianfamilie. Rod hatte mich vor ihren teuflischen Attacken gewarnt. Um ihre Aufmerksamkeit nicht auf mich zu lenken, wartete ich ruhig und geduldig in sicherem Abstand, bis die Affen im Unterholz untergetaucht waren.

Dick schlug mich um vier Minuten. Als ich das Marangu-Gate erreichte, stand er lässig da und plauderte mit Michèle.

„Na, wie war die Fahrt?" fragte er scheinheilig.

„Recht gemütlich. Ich habe hie und da eine Pause eingelegt und einen Drink zu mir genommen, außerdem hatte ich noch eine nette Unterhaltung mit einer Pavianfamilie. Es wäre ja wirklich schade gewesen, durch diese schöne Landschaft zu hetzen."

„Und ich dachte schon, du hättest eine Panne gehabt, weil du überhaupt nicht auftauchen wolltest."

Um darauf noch etwas zu erwidern, hatte ich nicht mehr genug Luft.

☆

Dick: Diese ständigen Tagebucheintragungen sind zwar lästig, aber am Ende zahlt es sich aus. Erlebnisse sind so schnell vergessen. Ich mag es, Launen und Ereignisse eines Augenblicks niederzuschreiben, denn Empfindungen sind so vergänglich wie die Wolken über dem Kilimandscharo.

Würde irgend jemand mein Tagebuch lesen, er würde feststellen, daß ich nicht immer nur von Erfreulichem berichte, sondern auch Wut oder Niedergeschlagenheit festhalte, daß meine Empfindungen und Ansichten also – wie bei anderen auch – nicht immer gleich sind.

☆

Es war warm und sonnig, als wir am Marangu-Gate standen. Kate und Maggie waren ungeduldig, denn sie wollten endlich aufbrechen. Michèle war noch dabei, die Eintrittsgebühren auszuhandeln. Inzwischen montierte ich die Schaltung vom Ersatzfahrrad ab, um sie mitzunehmen; es könnte uns nützlich sein.

☆

Dicks Tagebuch, 27. Dezember 1984: Mein Geburtstag! Nick und ich hatten heute morgen viel Spaß bei der Radtour. Wir haben oft gelacht, und ich habe zudem noch eine ganze Menge dazugelernt. Nick war nur immer ein Stück voraus, hatte aber mit seiner vorwärtsstürmenden Art mehr Probleme mit den Wurzeln als ich. Er fuhr oft mit einer Hand, um mit der anderen Lianen und Zweige beiseite zu drücken. Er hielt niemals an, es sei denn, daß er an schwierigen Stellen vom Rad rutschte, dann blieb er – völlig ausgepumpt – einige Sekunden am Boden liegen, um zu verschnaufen. Doch kurz darauf sprang er schon wieder auf den Sattel, um weiterzuhetzen. Ich nahm es etwas gemächlicher. Zwar wurde mir dabei auch warm, und ich begann zu schwitzen, aber ich fühlte mich niemals so erschöpft wie Nick. Während Nick so weit wie möglich den Weg vor sich mit den Augen abtastet, sich schon die günstigste Linie sucht und überlegt, mit welchem Gang er die Strecke in Angriff nehmen soll, achte ich eher darauf, was unter meinen Rädern ist: die Wurzeln, die Pflanzen, die Steine.

Gefühlsmäßig scheint das Kilimandscharo-Unternehmen Nick mehr zu bedeuten. Ich sehe es mehr als Vergnügen. Vielleicht bin ich zu oberflächlich. Nick möchte aus der Expedition das Bestmögliche herausholen. Das will ich zwar auch, aber ich will bei diesem Unternehmen uns und unsere Räder an den Kraterrand und weiter auf den Gipfel bringen und möchte dabei soviel Spaß wie möglich haben. Für mich beginnt die richtige Arbeit eigentlich erst nach unserer Rückkehr in London, wenn die Spendenaktion für I. T. anlaufen soll. Ich verstehe, daß Nick sich für die Sache stärker engagiert. Er hat Wajir besucht und sich selbst von der Notwendigkeit einer Windmühle überzeugen können. Für mich ist die Expedition ein Abenteuer, für das ich meine normale Arbeit unterbreche. Nick sieht darin jedoch eine Aufgabe für sich.

Die Kosten für die Expedition sind in den letzten Wochen unglaublich in die Höhe geschnellt. Ursprünglich hatten wir nur zwei Flugtickets und darüber hinaus etwas Taschengeld einkalkuliert gehabt. Das wären etwa 1000 Pfund gewesen. Inzwischen sind wir bei einem Stand von 3500 Pfund Sterling: teure Ferien! An Extraausgaben sind dazugekommen: Verpflegung, Telefon- und Postgebühren, Versicherungen, Trägerlöhne, die Gebühren für den Nationalpark. Wir haben auch Petes Reisekosten übernommen, dafür soll er uns hervorragende Fotos liefern. Die Mädchen haben zumindest ihre Flugtickets selbst bezahlt.

☆

Unsere ganze Fahrradausrüstung lag auf dem Kies des Parkplatzes ausgebreitet: Die Ersatzschaltung und die Kette vom dritten Rad, ein Zahnkranz, ein Ersatzreifen, zwei Schläuche und zwei Werkzeug-Sets einschließlich verstellbarem Schraubenschlüssel, der groß genug war, um den Freilaufkranz abzuschrauben. Ich stopfte alles in einen großen Sack, der ganz schön schwer wurde. Wie gut, daß wir uns für Träger entschieden hatten!

Michèle hatte den ganzen Morgen damit verbracht, mit dem Parkpersonal über Löhne und Aufteilung der Traglasten zu verhandeln. Dick hatte fünf bis sechs Träger für den Aufstieg und drei für den Abstieg vorgeschlagen. Doch Michèle, die ihm niemals traute, hatte vorsichtshalber für acht Träger plädiert.

☆

Dicks Tagebuch, 27. Dezember 1984, nachmittags: An die zwanzig Träger waren erschienen, obwohl wir nur acht mitnehmen wollten. Es war eine bunt durcheinandergewürfelte Schar: Alte und Junge, Kleine und Große, Dünne und Dicke. Eines hatten sie alle gemeinsam: ein fröhliches , vergnügtes Lachen. Nun, der Trägerjob ist ein gut bezahlter, wenn man ihn damit vergleicht, was Bauern hier in dieser Gegend verdienen. Gemessen an unseren Verhältnissen sind es natürlich Hungerlöhne. Ich verdiene in einer Stunde an meinem Schreibtisch so viel, daß ich hier zwei Männer für einen ganzen Tag anheuern könnte.

Um die Trägerjobs wird hier ganz schön gestritten. Jeder Führer hatte seine Spezis, denen er natürlich zu Arbeit und Lohn verhelfen wollte. Da sind gute Freunde, der Schwiegersohn, ein armer Mann, dessen Mutter krank ist, oder einer, der Geld braucht, um seine Tochter in die Schule schicken zu können. Am Ende haben dann diejenigen die größte Chance, die am nächsten stehen und am schnellsten zum Aufbruch bereit sind.

Die Träger griffen zuerst nach den am schönsten aussehenden Rucksäcken, und die Mädchen hatten Mühe, die Lasten gerecht auf die acht Männer zu verteilen.

☆

Maggie und Kate gingen mit den Trägern voraus. Michèle, Dick und ich waren mit dem Packen noch nicht fertig und machten uns später mit dem restlichen Gepäck auf den Weg. Jeder schleppte zwei Rucksäcke und eine Sieben-Liter-Kanne mit Petroleum für die Campingkocher mit sich. Gegen halb vier begann es zu regnen. Ein richtiger Tropenschauer setzte ein. Die Wasserfluten, die vom Himmel auf uns niederstürzten, bogen Blätter und Zweige nach unten. Bis wir unsere wasserfesten Jacken aus den Tiefen der Rucksäcke herausgefischt hatten, waren wir bis auf die Haut durchnäßt und zitterten vor Kälte. Der Weg verwandelte sich zeitweise in einen wilden Sturzbach, und wir kamen nur mit größter Mühe voran.

☆

Dick: Wir suchten Schutz unter einem großen Baum, der eine dichte Blätterkorne trug. Eine kräftige Gestalt kam den Weg herauf. Simon mußte der Stärkste in der ganzen Umgebung sein. Ein gelber Plastikumhang bedeckte seine unförmige Last. Auf seinem Rücken schleppte er den größten Expeditonssack, den es überhaupt gab – einen „Karrimor-Condor 85" –; darauf hatte er einen mittelgroßen Rucksack gepackt, und darüber hinaus transportierte er noch sein eigenes Gepäck einschließlich Proviant für acht Tage! Er nickte uns kurz zu. Als er sah, wie Michèle sich mit ihrem großen Rucksack abmühte, trat er mit einem breiten Grinsen auf sie zu, packte ihn und schwang ihn sich auf seine bereits beachtliche Last. Mit riesigen Schritten stieg er den Weg weiter hinauf.

☆

Wir erreichten die Stelle, wo wir Pete am Vormittag verlassen hatten. Wie erwartet, war er nicht mehr da. Wir hatten ausgemacht, daß er bei schlechtem Wetter die Räder an einer vorher festgelegten Stelle im Gebüsch verstecken und zur Mandara-Hütte aufbrechen sollte.

Ich lud mein Gepäck ab und wollte mein Rad holen, aber es war nicht an der ausgemachten Stelle. Ich suchte und suchte, hob Zweige auf und wühlte im Unterholz, doch ich fand nicht die leiseste Spur von einem Rad. Da stand ich, vor Nässe triefend und frierend, und überlegte krampfhaft, was passiert sein konnte. Es war eigentlich nicht anzunehmen, daß Pete die Räder mit zur Hütte geschleppt hatte, denn er wußte, wie wichtig es war, daß Dick und ich den ganzen Weg per Rad zurücklegten. Außerdem hatten wir fest vereinbart, daß er an dieser und keiner anderen Stelle die Räder verstecken sollte. Da durchfuhr mich ein schrecklicher Gedanke: Irgend jemand hatte sie zufällig entdeckt und sie sich „ausgeborgt". Es sah ganz so aus, als würden neue Schwierigkeiten auf uns zukommen.

Der heimelige Geruch von glosender Holzkohle trieb mich die letzten zweihundert Meter auf dem glitschigen Pfad vorwärts. Mandara mußte ganz nahe sein, und bald schon sah ich einen hellen Lichtschein zwischen den Bäumen.

Pete, Maggie und Kate warteten bereits im Trockenen.

„Wo sind Dick und Michèle?" fragten sie.

„Sie müssen gleich kommen. Habt ihr Tee?" – Pete, wo sind die Räder?"

„Unten, da wo wir uns am Vormittag getrennt haben. Ich erzähl' euch alles in einer Minute."

☆

Dick: Michèle und ich kamen recht gut voran. Wir waren nur ein paarmal stehengeblieben, um uns von dem starken Druck der Rucksackriemen zu befreien. Unsere Kleider waren durch und durch naß und klebten eng wie eine zweite Haut am Körper. Der Weg war schlammig, und an manchen Stellen kamen uns kleine Sturzbäche entgegen, die abgebrochenes Astwerk mit sich führten. Tückisch waren auch die vom Regen ausgewaschenen Löcher. Die Hitze vom Morgen war in eine unangenehme Kälte umgeschlagen. Frierend erreichten wir Mandara und sehnten uns danach, unsere nassen Kleider gegen warme und trockene einzutauschen. Aber wir mußten erst unsere Gruppe suchen. Mandara ist eine Ansammlung von solide gezimmerten Holzhütten in A-Form. Eine norwegische Hilfsorganisation hat sie errichtet – sie sehen auch richtig „skandinavisch" aus. Jede Hütte bietet sechs bis acht Personen Platz. Im zweistöckigen Haupthaus gibt es einen gemütlichen Aufenthalts- und Speiseraum.

Im Gegensatz zu anderen Bergsteigern, die unterwegs waren und in den Holzhütten übernachteten, hatten wir unsere Zelte aufgeschlagen. Ich entdeckte Kate hinter einem Stapel von Rucksäcken. Sie winkte und rief uns zu: „Hierher!"

Der heiße, von Maggie gebraute Tee war ein wahrer Hochgenuß.

☆

„Was ist mit unseren Fahrrädern geschehen?" fragte ich Pete beunruhigt.

„Ich habe sie im Gebüsch versteckt, wie besprochen. Es passiert ihnen schon nichts. Kein Grund zur Aufregung."

Und damit ließ Pete das Thema für eine Weile fallen, denn jetzt wurden Berge von Spaghetti alla Bolognese auf unsere Teller gehäuft. Wir saßen rund um einen zischenden Petroleumofen, und jeder berichtete von seinen Erlebnissen am heutigen Tag, wobei jeder davon überzeugt war, daß er es nasser, kälter und anstrengender gehabt hatte als alle anderen. Wir alle hatten nasse Kleider. Doch schlimm war es, daß einige Schlafsäcke und eine Daunenjacke etwas abgekriegt hatten. Wir mußten das Zeug auf jeden Fall trocknen, bevor wir in höhere, kältere Regionen aufstiegen. Aber das war leichter gesagt als getan. Wie sollten wir die Sachen ohne heimatlichen Komfort von Heizkörpern, Wäschetrocknern und Kaminfeuer trocken kriegen?

Pete war ein Verfechter der Methode, die Sachen ein paar Minuten vor den Petroleumofen zu halten. Da sich bei dieser Praxis gewöhnlich der ganze Raum mit dem Geruch dampfender Socken anzufüllen pflegt, ist das aber eher ein unsozialer Akt. Außerdem könnten die Socken aus Baumwolle zu kleinen verkohlten Stoffrestchen zusammenschmelzen.

Maggie war dafür, die nassen Handschuhe um die heißen Kochtöpfe zu binden, was sich aber nur dann als gute Idee erweist, solange jeder daran denkt, wo die Handschuhe sind. Im Halbdunkel unserer Zelle konnte es leicht geschehen, daß jemand beim Essenfassen etwas verschüttete, und ich kann mir etwas Appetitlicheres vorstellen, als am Morgen Handschuhe anzuziehen, deren Finger voll von kaltem Hirsebrei sind.

Ich selbst bevorzuge das „Sandwich-System", wobei zwischen zwei trockenen Kleidergarnituren eine nasse angezogen wird. Nach einigen Stunden wird durch die Körperwärme die nasse Schicht getrocknet. Der kleine Nachteil dabei ist, daß man sich stundenlang klamm und kalt fühlt – aber das Endresultat ist verblüffend. Die Idee stammt von Ados, der sie im Himalaja erfolgreich ausprobiert hat.

Dick hat seine eigene Methode: Er stopft die nassen Klamotten in sein Zelt und zieht sie am anderen Morgen genauso naß an, wie sie am Abend waren. Dann läuft er die ersten paar Stunden ganz schnell, um sich warm zu halten und die Kleider trocken zu bekommen.

☆

Dicks Tagebuch, 27. Dezember 1984, 21 Uhr 15, Mandara-Hütte: Das Herumwühlen hat aufgehört. Wir sitzen im Aufenthaltsraum des Haupthauses. Maggie und Michèle sorgen ununterbrochen für Tee. Eine tolle Art, Geburtstag zu feiern! Meine große Schwester hat mir einen Geburtstagskuchen gebacken, den Michèle mitgebracht hat. Es ist eine Mischung aus klebrigen Kokosraspeln und nassem Mehl. Das ganze herrlich blau und grün verziert: die Arbeit von Bars Söhnen Adrian und „JJ". Sehr eindrucksvoll!

Pete hat Lebensmittel, aufgerissene Plastiksäcke, Dosen, aufgeweichte Schachteln und ein Kilo Erdnüsse vor sich aufgetürmt. Er versucht Ordnung in unsere Verpflegung zu bringen.

Nick ist damit beschäftigt, seine nasse Unterhose zwischen ein um den Kopf geschlungenes Handtuch und seine Wollmütze zu klemmen. Gut, daß nur Pete weiß, wo die Räder sind, sonst hätte Nick sie jetzt vor uns auf die Tische gelegt und ich müßte, helle Begeisterung vortäuschend, die Ketten reinigen.

Als wir unsere Zelte in Mandara endlich aufsuchten, war es bereits Mitternacht. Der Regen hatte aufgehört, und wir lauschten den Tropfen, die noch von den Blättern fielen. Die dunklen Wolken zogen fort, und am dunklen Nachthimmel blinkten die Sterne auf.

☆

Das Geschwätz der Träger, die sich zum Aufbruch bereit machten, weckte mich. Der Tau lief in kleinen Bächlein von den Zeltwänden. Wir hatten verschlafen. Kein Wunder, nachdem wir die letzten Nächte so wenig Schlaf bekommen hatten. Das hohe Gras glänzte im hellen, warmen Sonnenlicht, es kitzelte und erfrischte, wenn man barfuß darüberlief. Unser Frühstück bestand aus einer großen Schale Müsli, Mangos und heißem Tee.

Wir alle waren von einer berauschenden Vorfreude erfaßt. Bald würde es in höhere Regionen gehen. Es war auch ein angenehmes Gefühl zu wissen, daß das Leben für uns ein paar Tage lang ausgesprochen einfach und unkompliziert sein würde. Mit jedem Meter, den wir höher stiegen, würden wir uns weiter von der Tretmühle des Alltags entfernen. Wir kannten nur ein Ziel: zum Gipfel!

Bis jetzt konnten wir mit unseren Leistungen zufrieden sein. Wir hatten alles, was wir benötigten, hierhergeschafft – mit Ausnahme der Schokolade: die lag in Bars Kühlschrank in Nairobi. Und das war gar nicht lustig, denn wir hatten die Schokolade als schnell wirkenden Energiespender in unsere Ernährung eingeplant und waren jetzt knapp mit effektvollen Kraftspendern. Wenn alles gutging, konnten wir vor Einbruch der Dunkelheit die Horombo-Hütte erreichen und am darauffolgenden Tag die Kibo-Hütte. Wie es dann weitergehen würde, war vom Wetter abhängig. Alle unsere Zelte waren bereits abgebaut und zusammengepackt, als Dick in eine verzwickte Verhandlung mit den Trägern hineingezogen wurde.

☆

Dicks Tagebuch, Mandara-Hütte, kurz vor dem Aufbruch:

„Nicas, wie viele Träger haben wir?"

„Acht", antwortete der Angesprochene.

„Aber nur sieben Mann haben ihre Last aufgenommen. Wir haben acht Gepäckstücke. Wo ist also der achte Mann? Oder sind Sie zusätzlich als Träger mitgekommen?"

„Nein, ich bin nur der Führer. Führer tragen keine Lasten. Wir haben andere Arbeit zu machen." Nicas war nicht dumm. Er war unser Führer. Er hatte mitbekommen, daß in unserer Gesellschaft Leute, die mit dem Kopf arbeiten, keine manuellen Arbeiten zu erledigen brauchen. Und dem hatte er sich ganz schnell angepaßt. Er trug ein schickes, schwarzes „Manhattan Yacht Club"-T-Shirt und eine hellblaue Baseballmütze.

„Nicas, wo ist der achte Träger?"

„Sie sind alle hier", antwortete er seelenruhig und ließ seine perlweißen Zähne aufblitzen.

„Aber ich sehe nur sieben."

„Das ist richtig. Der achte Mann trägt meine Verpflegung. Jeder Führer hat seinen eigenen Träger."

„Aber wir haben für uns acht Männer angeworben. Wer hat denn gestern das restliche Zeug getragen?"

Nicas machte mich gleichmütig darauf aufmerksam, daß wir – Nick und ich – gestern jeder einen großen Rucksack getragen hätten. Mir brach der Schweiß aus, wenn ich mir vorstellte, daß wir auch weiterhin diese Riesendinger schleppen sollten. Jeder der sieben Träger hatte ein Gepäckstück für sich ausgesucht und war bereits dabei, seine eigenen Sachen aufzubinden. Zwei große Rucksäcke blieben liegen. Die sieben Träger grinsten vor Vergnügen. Nicas blickte uns mit schlauer Miene an, während Nick und ich äußerst dumm aussahen, und ich fühlte mich auch so.

„Was soll also geschehen, Nicas?" fragte ich.

„Sie könnten eventuell einen weiteren Träger anheuern; vielleicht könnten aber auch unsere Träger aushelfen. Natürlich, die Last ist sehr schwer, aber ich denke, mit einer angemessenen Entschädigung wird sich das Problem lösen lassen."

Aha! Da lag also der Hase im Pfeffer! Mit Geld geht alles. Nach einer kleinen Diskussion traten zwei Träger heran, die sich das restliche Gepäck teilten und auch die Petroleumkanne mitnahmen.

☆

Nachdem die Träger aufgebrochen waren, packten Dick, Pete und ich unsere Sachen und liefen abwärts, um die Räder aus ihrem

Versteck zu holen. Nach 20 Minuten erreichten wir die Lichtung, wo wir am Tag zuvor den Zeitungsbericht verfaßt hatten. Pete durchstreifte das Unterholz und murmelte vor sich hin: „Wirklich seltsam, sehr seltsam", während er an Zweigen zog und Büsche auseinanderdrückte. Ich war leicht nervös, denn er suchte genau dort, wo auch ich am Tag zuvor vergeblich nachgeforscht hatte.

„Kannst du sie sehen, Pete?" rief Dick ihm zu.

Ein ungutes Gefühl begann sich gerade in mir auszubreiten, als Pete wieder aus dem Gehölz herauskam und brüllte: „Sie sind weg; die Räder sind weg!"

Nach einigen Sekunden, die ich wie gelähmt dastand, fühlte ich Wut in mir hochsteigen, und ich wollte Pete mit bösen Worten vorwerfen, daß er nicht gut genug unsere kostbaren Stücke versteckt hatte, daß er unzuverlässig und nicht ganz zurechnungsfähig sei. Während ich mir überlegte, was ich ihm zuerst an den Kopf werfen sollte, fragte Dick, wo Pete die Räder denn ganz genau hingebracht hatte.

„Ich habe sie hier an dieser Stelle mit Zweigen und Blättern zugedeckt!"

Pete deutete auf ein Gestrüpp. „Sie lagen beide hier – hübsch nebeneinander. Irgend jemand muß sie gefunden haben und damit hinuntergefahren sein. Er wird gewiß ihren Marktwert erkannt haben."

Ich konnte es einfach nicht begreifen, daß Pete so ruhig über dieses Unglück sprechen konnte, das schließlich das Ende für unser Unternehmen bedeutete.

„Vielleicht hast du vergessen, wo du sie hingelegt hast", sagte ich, nach einem rettenden Strohhalm suchend, und stöberte erneut wie ein aufgehetzter Spürhund durch das Unterholz.

„Sie müssen doch irgendwo sein!" Ich wollte einfach nicht akzeptieren, daß die Räder weg waren.

„Vielleicht habe ich sie so gut versteckt, daß niemand sie finden kann – nicht einmal wir. Also gut, nachdem wir nicht die Zeit haben, alles zu durchforsten . . ., ich habe die Räder genau hier, wo ich stehe, zurückgelassen. Und da ich sie so gut versteckt habe, ist es einfach unmöglich, daß jemand anderer sie gefunden hat. Sie müssen also noch hier sein . . . und zwar hier – genau unter meinen Füßen . . ."

Ich sah ihn an.

„Du lausiger Hund! Du miserables . . ."

„Ach ja, seht doch . . ., wie dumm von mir . . . Ich steh' schon die ganze Zeit drauf!"

Während Pete in lautes Gelächter ausbrach, zogen Dick und ich unsere geliebten Räder aus den dichten Laubschichten, die wie Matten übereinanderlagen, hervor. Ein wirklich gut angelegtes Versteck! Kein Wunder, daß wir sie gestern nicht gefunden hatten; sie waren total unsichtbar gewesen. Ich fühlte, wie mir ein Stein vom Herzen fiel.

Schnell waren wir wieder in Mandara. Wir machten nur eine kleine Pause, um unsere Wasserflaschen aufzufüllen, dann ging es weiter durch den Dschungel. Es gab zwei Wege nach Horombo. Einen, der steil aufwärts durch dichten Regenwald führte, und einen längeren, der sanft ansteigend durch offeneres Gelände ging – zum Radfahren geradezu ideal. Keine Frage, für welchen wir uns entschieden. Schon nach ein paar hundert Metern mußten wir von den Rädern absteigen und sie über umgestürzte meterhohe Baumstümpfe hieven. Es kam noch besser: Versteckte Wurzeln griffen in die Speichen unserer Räder, daß wir der Länge nach im Dickicht landeten. An manchen Stellen war der schlammige Pfad nur ein paar Zentimeter breit, und daneben gähnten Abgründe. Mehrmals mußten wir die Räder schultern. Wir sahen aus, als hätten wir uns im Dreck gewälzt, und der Schweiß floß in Strömen an uns herunter. Diese Route, die sich auf 3000 Meter hinaufwand, war harte Arbeit, machte aber Spaß.

Sonnenlicht sickerte durch das Blätterdach und spielte auf dem üppigen Grün. Wie ein rotes, grelles Licht leuchtete inmitten des strotzenden und knospenden Regenwalds die „Impatiens kilimanjarica“, eine winzige Blume mit einer bläulichen Löwenmaulblüte und einem gelben, gekringelten Blütenstengel. Obwohl wir streckenweise unsere Räder tragen mußten, waren wir etwas schneller als die wenigen Bergsteiger, die auch zur Horombo-Hütte unterwegs waren. Für viele war diese Hütte das Endziel. Nur wenige wagten sich bis zur Kibo-Hütte oder noch weiter hinauf. Es brachte Abwechslung, ein wenig mit diesen Leuten zu plaudern. Ich nehme an, daß wir mit unseren Rädern zu ihrer allgemeinen Erheiterung beitrugen.

☆

Dick: „Ja, ich habe über euch in einer österreichischen Zeitung gelesen. Trotzdem, ich kann es einfach nicht glauben“, sagte ein Österreicher. Er war ein netter Kerl mit wettergegerbtem Gesicht und blitzenden Augen, ungefähr fünfzig Jahre alt, gebildet, und er schien sich wohl zu fühlen in seinem weißen, eleganten Safarianzug und dem cremefarbenen Buschhut auf dem Kopf. Er lehnte sich zurück, um uns wie durch ein Monokel genau zu betrachten. Wir erzählten ihm von I. T. und wodurch sich unsere Mountain-Bikes von anderen Fahrrädern unterscheiden. Er hielt uns vermutlich für Verrückte. Aber wenn er annahm, daß wir etwas komisch seien, dann muß auch gesagt werden, daß er auf uns auch nicht gerade normal wirkte. Während wir expeditionsmäßig ausgerüstet waren, war der Österreicher mit Straßenschuhen bekleidet, und das in 3000 Meter Höhe im dampfenden Regenwald im tiefsten Afrika! Er war in Begleitung seiner Frau, die einen wadenlangen, weißen Rock trug, und eines Trägers, der eine riesige schwarze Blechkiste auf dem Kopf balancierte. Wir lächelten, als die Lady ein Foto von uns machte.

☆

Wir mußten einige Male auf dem engen Dschungelpfad anhalten, um Abwärtswandernde vorbeizulassen. Immer wieder mußten wir erklären, warum wir mit Rädern unterwegs waren, worauf die Leute meist mit einem ungläubigen Kopfschütteln reagierten. Wir aber fühlten uns glücklich. Dieser Weg war eine technische Herausforderung für unsere Mountain-Bikes. Zwar wäre es an vielen Stellen schneller gegangen, hätten wir die Räder getragen, aber jede Chance, sie zu benützen, und wenn auch nur für wenige Meter, war es wert, sie abzusetzen, aufzusteigen und zu fahren.

Wir waren fast ein wenig traurig, als wir plötzlich die heimelige, schutzspendende Atmosphäre des Regenwaldes verlassen mußten und in offenes, sonnenbeschienenes Heideland kamen.

☆

Dick: Wir hatten das Gefühl, auf einer Alpenwiese zu sein. Sie war voll mit Blumen. Hier konnten wir nun längere Strecken mit dem Rad zurücklegen. Der Boden war hart und hatte eine ideale Oberfläche, um darauf zu fahren. Das Gelände verlief wellenförmig nach oben, nicht zu steil und ohne überraschende Bodenstufen.

☆

Wir kamen an eine Wegkreuzung. Um uns zu orientieren, holten wir unsere Karte hervor. Wir nutzten die Gelegenheit für eine kleine Atempause und streckten uns im Gras aus. Die Landschaft lag offen vor uns. Über uns befanden sich die zackigen Bergspitzen des Mawenzi, des kleineren der beiden Kilimandscharo-Gipfel. In der Ferne, in die Wolken hineinragend, konnten wir den runden, wuchtigen Kibo sehen. Er schien unendlich weit weg zu sein.

Nachdem wir noch ein Stück leicht vorangekommen waren, lag nun eine sehr schwierige Wegstrecke vor uns. Es hieß nun, enge Felsrinnen hinauf- und hinunterzuklettern, durch die sich wilde Wasser wälzten.

☆

Dick: Schluchten und Felsrinnen zu überwinden verlangt eine ganz bestimmte Technik. Geht es hinunter, muß man das Gesäß über das hintere Rad hängen, um zu verhindern, daß das Rad mit einem kopfüber nach vorn stürzt. Die Hinterradbremse wird dabei ziemlich fest angezogen, die Vorderradbremse dagegen nur leicht. Alle Stöße werden von den Vorderarmen und den Knien aufgenommen. Sie dienen sozusagen als Stoßdämpfer, während die Räder über Unebenheiten, Löcher und Geröll holpern und bocken. Unten wird dann der Fluß überquert, daß das Wasser weit aufspritzt, dann geht es auf der anderen Seite der Schlucht wieder steil hinauf, während man schnell in den niedrigsten Gang herunterschaltet. Bei dem Übersetzungssystem von *Bike UK* kommt eine Drehung der Pedale einer Siebenachtelumdrehung des Hinterrades gleich. Das ist so langsam, daß es äußerst schwierig ist, das Rad im Gleichgewicht zu halten. Dieser extrem niedrige Gang wirkt wie eine Winde und ist hervorragend im steilen Gelände, wenn der Boden festen Halt bietet. Aber schon auf nur leicht rutschigem Grund dreht das Hinterrad so stark durch, daß man sich kaum halten kann. Für steile Strecken bevorzugten wir den zweitlangsamsten Gang. Er gibt ungeheuere Schubkraft und ermöglicht, zusammen mit der entsprechenden Geschwindigkeit, leichter Balance zu halten. Auch ist das Übersetzungsverhältnis hierbei der Umdrehung der Pedale am besten angepaßt.

Um eine Steigung zu bewältigen, gibt es zwei Techniken: Auf langen Hängen fanden wir die gleichmäßig kontrollierte Methode am besten, wobei schon vor dem Anstieg auf einen niedrigen Gang geschaltet wird. Wichtig ist dabei, daß die Räder genug Zugkraft haben. Das Hinterrad benötigt genügend Gewicht, um am Boden zu haften, und das Vorderrad muß fest hinuntergedrückt werden. Entscheidend ist die Verteilung des Körpergewichts. Es ist ratsam, so lange wie möglich sitzen zu bleiben, weil dadurch die Bewegungen ruhiger sind. Wird der Hang steiler, muß man sich immer weiter über die Lenkstange beugen – bis es nicht mehr zu vermeiden ist, daß man aufstehen muß. In vorgebeugter Haltung, auf das Vorderrad starrend, geht es dann allmählich aufwärts. Abrupte Bewegungen sollte man vermeiden, denn wenn einmal ein Rad seitlich ausschlägt oder rutscht, ist es fast unmöglich, wieder in den gleichmäßig ziehenden Rhythmus zu kommen.

Eine andere Geländeform, mit der wir hier sehr vertraut wurden, waren die kurzen, scharfen 30 bis 50 Zentimeter hohen Felsstufen und die etwa eineinhalb Meter hohen, steilen Absätze. Solche Hindernisse sind das Gebiet der wahren Mountain-Bike-Fans. Die angewandte Technik muß dabei von der eigenen Begeisterung und einem großen Vertrauen in das Rad wie in sich selbst unterstützt werden. Die niedrigeren Stufen ging ich immer schwungvoller an. Am besten ist es, eine halbe Radumdrehung vor dem Hindernis die Lenkstange kräftig hochzureißen. Ist das Vorderrad auf der äußersten Kante der Stufe gelandet, muß man nun die Kraft auf das Hochbringen des Hinterrades verlagern. Dabei darf das Gesäß nicht den Sattel berühren, das Körpergewicht muß nach vorne verlagert werden, die Beine müssen flexibel sein.

Zu frustrierenden Herausforderungen können die fast mannshohen Absätze werden. Eigentlich sind sie zu steil, um die Räder hochzukriegen. Normalerweise sind diese Stufen höher als ein Raddurchmesser und damit zu hoch, um zu springen. Hier hilft nur brutale Gewalt, mit der zusätzlichen Unterstützung eines höheren Ganges, wie etwa dem dritten oder vierten. Eine gute Gewichtsverteilung auf beide Räder ist dabei notwendig. Man muß sich dem Hindernis mit großer Geschwindigkeit nähern, damit man kippsicher die Aktion angehen kann. Die Pedale sollen sich ruhig und gleichmäßig drehen, um die notwendige, genickbrechende Geschwindigkeit zu erreichen. Wenn man Glück hat, funktioniert es. Es geht rasend schnell. Funktioniert es nicht – dann bekommt man es zu spüren!

Mit der Zeit und mit zunehmender Praxis bekamen wir mehr und mehr Kontrolle über unsere Räder. Die verrückten Amateurmethoden weichen den mehr professionellen, ausgewogeneren Annäherungsmethoden an solche Hindernisse. So kommt man locker über einen meterhohen Baumstamm und fährt eine fast senkrechte, zwei Meter hohe Böschung nur noch mit einem müden Lächeln hinunter.

Bei dem größten Teil unserer Route hatten wir nicht die Zeit, das Gelände vorher abzugehen. Die Schwierigkeitsgrade und Hindernisse der Strecke mußten bewältigt werden, wenn wir sie erreicht hatten. Felsiges Gestein, Geröllblöcke oder grasige Unebenheiten von etwa 30 Zentimeter Höhe waren im allgemeinen kein Problem für uns, solange sie festen Untergrund hatten. Diese Hindernisse konnten wir immer in voller Fahrt nehmen. Die einzige Chance, Geröllfelder von 8 bis 15 Zentimeter Höhe zu überwinden, war, sie mit zwei oder drei Mach zu überfliegen, wobei der Enthusiasmus mithelfen mußte! Lag das Geröll bis zu zwei Meter hoch, dann reichte der Enthusiasmus nicht mehr aus.

Baumwurzeln, Zweige und tückisch glänzendes Gestein brachten uns ständig Ärger. Diese Hindernisse mochten bloß wenige Zentimeter hoch sein, sie waren aber rutschig und gefährlich wie Glatteis. Konnten wir ihnen nicht ausweichen, blieb uns keine andere Wahl, als von vorne im rechten Winkel anzugreifen. Unsere Regel war: Ist der Grund massiv und fest, dann nichts wie ran an das Hindernis; ist der Boden unzuverlässig und glitschig, dann lieber ausweichen.

☆

Solange die Höhenluft noch keine Auswirkungen auf uns zeigte, bestimmte ein Wettkampfgefühl unseren Aufstieg. Da die meiste Zeit der Weg gerade breit genug für ein Rad war, wechselten wir die Führerposition regelmäßig. Aufwärts war es immer leichter hinterherzufahren. Sah ich Dicks Räder unter ihm wegrutschen, blieben mir immer noch einige Sekunden, um nach einer anderen Lösung Ausschau zu halten und damit ein Stück weiterzukommen als er, bevor auch ich vom Rad purzelte. Es war Ehrensache zu versuchen, höher hinauf als der andere zu kommen, bevor einen selbst das „Schicksal" erreichte.

☆

Dick: Die dünne Bergluft machte sich langsam bemerkbar. Jeder Sturz wurde uns zur Ausrede, lange Diskussionen über das zurückgelegte Teilstück zu führen. Das gab uns nämlich Gelegenheit, uns von der Atemnot zu erholen und unseren Herzschlag zu beruhigen. Freundschaftliche Hänseleien, viel Gelächter und die warme, afrikanische Sonne über uns trugen das Ihre zu diesem vergnüglichen Abenteuer bei.

Verzögerungen

Mit der Höhe kamen Kälte und Wolken. Die T-Shirts, die wir im Regenwald getragen hatten, waren jetzt nicht mehr warm genug. Vom Mawenzi, der in geisterhafte Nebelschwaden eingehüllt war, fuhr ein eiskalter Wind herunter und ließ uns in unseren Rucksäkken nach den Thermo-Jacken wühlen. Die langärmeligen Kleidungsstücke waren ideal zum Radfahren, sie lagen eng am Körper, waren elastisch und ließen keine Kälte durch.

Das Gelände wurde nun auch schwieriger, und die Strecken, wo wir die Räder tragen mußten, nahmen zu. Wir schleppten sie durch Felsrinnen und ausgedehnte Geröllfelder.

„Wir hätten an die Polster denken sollen", meinte Dick, nachdem er sich wieder einmal das Rad über die Schultern gelegt hatte.

Während unserer 14-Gipfel-Tour in Wales hatten wir die Rahmenrohre mit Schaumstoff umwickelt, damit die Schultern nicht wund wurden. Diesmal hatten wir es vergessen, und das machte sich bereits an den Stellen, wo die Stangen auflagen, schmerzhaft bemerkbar. Wir mußten auf jeden Fall einen Weg finden, die Gestelle zu polstern, damit die Druckstellen nicht noch schlimmer würden.

Das ständige Auf- und Abnehmen der Räder ermüdete uns mit der Zeit. Wir hatten geplant, Kate, Maggie und Michéle zur Mittagszeit an einer bestimmten, etwas geschützten Stelle zu treffen. Doch es wurde früher Nachmittag, bis wir zu ihnen stießen. Wir wollten unseren Freunden unsere frisch dazugelernten Fahrkünste vorführen, machten die verwegensten Kapriolen – und landeten in einem nahen Bach, was uns spöttisches Bedauern einbrachte.

☆

Dicks Tagebuch: Zu Mittag aßen wir Datteln, Cashew-Nüsse und den restlichen Kokosnuß-Geburtstagskuchen. Wir lagen in einer geschützten Mulde, wo der Wind nicht hinkam, und tankten uns voll Sonne, in deren Licht die Grasbüschel rund um uns goldfarben leuchteten. Die Vegetation war karg geworden. Zarte, blaue Glockenblumen suchten Schutz unter dem Heidekraut, und einige dünne, etwa ein Meter hohe Büsche standen verstreut herum. Die seltsamste Pflanze war hier die Riesen-Senecie, eine gigantische Variante des in vielen europäischen Gärten wuchernden Kreuzkrauts. Sie hat einen wuchtigen Stamm, dick wie ein Elefantenschenkel, auf dessen Ende ein stacheliger Strubbelkopf sitzt, genauer gesagt: eine große Rosette mit breiten Lanzettblättern. Die Senecie sieht sehr merkwürdig aus, erreicht eine Höhe von über drei Metern; sie ist hart wie Eichenholz. Nick erkletterte eine dieser Pflanzen und fühlte sich oben recht wohl.

☆

Nach unserer Pause arbeiteten wir uns zur Horombo-Hütte hoch. „Arbeiten" deshalb, weil die Kälte, die dünner werdende Luft und das komplizierte Fahren uns doch einige Mühe kostete. Wir kamen durch sumpfiges Gebiet. Unsere Räder sanken tief in die nassen, schmalen Pfade, die durch hohes Gras führten, während wir uns vorsichtig vorwärtsarbeiteten und versuchten, wenigstens die Pedale aus dem Morast herauszuhalten.

Dann kam eine der wenigen Strecken mit hartem Untergrund, wo wir die Fahrt beschleunigen konnten. Mein Vorderrad folgte dicht an Dicks Hinterrad. So rasten wir hintereinander her, als Dick plötzlich ohne Warnung verschwand. Instinktiv zog ich an den Bremsen, aber zu spät! Mein Rad stürzte über die Kante, und ich segelte kopfüber auf den darunterliegenden Sumpf zu. Ich sah plötzlich Felsgestein vor mir auftauchen, machte eine Rolle vorwärts und versuchte den Aufschlag mit Händen, Armen und Schultern abzumildern. Mein Kopf war so ziemlich der einzige Teil meines Körpers, der nicht auf Stein aufgeschlagen war. Ich landete knapp neben Dick. Da lagen wir eine Weile, fühlten uns im wahrsten Sinne des Wortes „zerschlagen". Dann begannen wir unsere Körper nach irgendwelchen Verletzungen abzutasten. Unsere Knochen hatten alles heil überstanden, und glücklicherweise waren auch unsere Räder unbeschädigt geblieben. Sie waren auf dem weichen Moorboden gelandet!

☆

Dicks Tagebuch, 28. Dezember 1984, 22 Uhr, Horombo-Hütte: So ein dummer Unfall, etwa 300 Meter unterhalb der Hütte! Ich war in Führung. Sah eine steile Stufe vor mir, wich nach links aus, bremste, konnte halten, aber der Busch, auf dem ich zum Halten kam, war biegsame Heide und die hob mich aus dem Sattel. Nick muß blind sein! In vollem Tempo raste er über die Kante. Er flog in hohem Bogen durch die Luft und landete ziemlich unsanft mit dem Gesicht nach unten. Er hat Glück, daß er nicht auf die vielen

Felsbrocken, die dort herumlagen, gestürzt ist. Ich bedauerte ihn, obwohl er sich nicht weiter verletzt hatte. Mein Mitleid tat ihm gut – und gab ihm die Gelegenheit, eine Weile liegenzubleiben und zu verschnaufen.

☆

Die Höhe von 3500 Meter ist die Schwelle, an der sich bei den meisten Leuten die dünne Luft bemerkbar macht. Mit schmutzigen Gesichtern, schlammbeschmierten Kleidern und nassen Füßen kreuzten wir diese unsichtbare Linie, die für viele zum Problem wird.

Etwa eine Stunde von der Horombo-Hütte entfernt standen wir auf unsere Räder gestützt und waren wieder einmal am Diskutieren, als das einzige andere Fahrzeug am Kilimandscharo auf uns zukam. Es war ungefähr zwei Meter lang, einen Meter breit. Es bestand aus einer flachen, hölzernen Platte, die über einem großen Rad mit zwei Riemen befestigt war. An beiden Enden des Brettes waren zwei Griffe angebracht. Dieses von Menschenkraft angetriebene Gefährt konnte immerhin eine Spitzengeschwindigkeit von zwölf Kilometer in der Stunde erreichen. Mit zwei Männern, einem vorne, einem hinten, ließ es sich gut manövrieren und beschleunigen. Wenn der mit Luft gefüllte Reifen gegen hartes Gestein schlägt, hebt das Ding vom Boden ab. Die Narben an dem merkwürdigen Gefährt ließen auf viele Kollisionen mit harten, granitähnlichen Objekten schließen. Dieses Fahrzeug ist die Kilimandscharo-Ambulanz, die verletzte oder kranke Bergsteiger ins Tal bringt.

Allein sich die Tortur vorzustellen, auf diesem einrädrigen Monster abtransportiert zu werden, war Motiv genug, sich nicht zu verletzen. Unsere letzte Meile legten wir in gedrosseltem Tempo zurück.

Horombo

Als wir in Horombo ankamen, sorgten unsere beiden Räder, mit denen wir an den Hütten vorbeifuhren, wieder für Aufsehen. Erstaunte Gesichter beobachteten uns aus offenen Türen. 3720 Meter über dem Meeresspiegel und hoch über den Wolken sahen sie, wie die Räder gegen Holzpfosten gelehnt wurden und einer der Fahrer einen kurzen Schrei ausstieß: „Wo sind die Teebeutel!"

Es stellte sich heraus, daß wir auf die Zubereitung des Tees noch warten mußten. Zwar war unser Team schon eingetroffen, aber von den Rucksäcken war keine Spur zu sehen. Als einziger war Simon etwa zwei Stunden zuvor auf dem Weg gesichtet worden. Michèle meinte, er hätte die Zelte getragen, wo aber das andere Gepäck wäre, blieb erst einmal im Nebel der Ungewißheit.

Pete und ich sahen uns nach einer ebenen Stelle für die Zelte um. Hinter den Hütten ging es leicht bergan, und schon dieser Weg machte mich fast atemlos. Ich begann den Sauerstoffmangel deutlich zu spüren.

Endlich trafen unsere Sachen ein. Während Pete und Dick die Zelte aufbauten, wühlten die anderen fieberhaft in den Gepäckstücken nach den Lebensmitteln. Rund um einen langen Holztisch in der Gemeinschaftshütte sitzend, wurde dann ein exquisites Mahl zubereitet. Im Lichte einer einzigen Kerze verspeisten wir ein Ziegenstew, das wir in Plastikbehältern mitgebracht hatten. In einem Kessel waren Nudeln gekocht worden, und Michèle bereitete aus Mehl Teigfladen zu, die *chapatis* ähnlich waren. Zusammen mit dem Stew schmeckten sie köstlich! Zu sechst saßen wir um die tropfende Kerze, knabberten an den restlichen *chapatis*, die

Je näher wir dem Kibo-Gipfel kamen, desto unmöglicher erschien uns unser Vorhaben. Unten: Auf dem Sattel-Plateau kamen wir jedoch recht gut voran

Der Mawenzi ist mit seinen 5270 Metern der zweithöchste Gipfel des Kilimandscharo-Massivs. Unten: Am dritten Tag mußten wir gegen schlechtes Wetter ankämpfen. Rechts: Über einen fast 1000 Meter hohen Hang aus Lavagestein, der sich über der Kibo-Hütte erhebt, erreicht man Gilman's Point

Michèle im Kibo-Camp beim Zubereiten der großen Mengen von Tee, die wir immer tranken. Unten: Vor der letzten Etappe sichten wir im Kibo-Camp unsere Ausrüstung. Rechts: Aufstieg zum 5685 Meter hohen Gilman's Point

Radfahren im ewigen Schnee entlang des Kraterrandes kann schnell, aber auch riskant sein

Hinter Gilman's Point war es oft sicherer, die Räder zu tragen. – Nächste Seite: Manchmal konnten wir nur 10 Meter am Stück fahren, um dann erneut nach Luft zu ringen

wir mit Marmelade bestrichen hatten, und tranken heißen Kaffee.

Es brauchte einige Zeit, bis wir die Petroleumkocher richtig bedienten. Erst mußte der Tank mit Brennstoff gefüllt werden, dann wurde durch Pumpen ein bestimmter Druck erzeugt. Beim Anzünden mußte man gleichzeitig einen Hebel lösen, dann muß noch einmal gepumpt werden, um den notwendigen Druck zu erreichen. Unser Feuer-Experte war Pete, der am besten wußte, wie man damit umgeht. Er konnte jeden Kochtopf zum Glühen bringen.

Ich behandelte anfangs die Kocher mit größter Vorsicht, nachdem ich es schon einmal geschafft hatte, einen Primuskocher in ein Flammenpaket zu verwandeln, bevor er in seine Bestandteile zersprang. Diese Geschicklichkeit habe ich von Hol geerbt, dessen Zelt einmal halb abgebrannt ist. Mit unseren Coleman-Kochern hatten wir Gott sei Dank keine solchen Probleme, und selbst ich lernte nach zwei Tagen, mit ihnen umzugehen.

☆

Dicks Tagebuch: Ich erwachte in der Dämmerung. Die Sonne stieg langsam und kalt im Osten auf. Der Himmel war blaß, und ich sah verschwommen im Dunst das Tiefland Tausende Meter unter uns liegen. Der schimmernde Kreis rechts war Moshi, wo die Lichter noch um 6 Uhr früh brannten. Während sich nebenan bereits einige muntere Bergsteiger einer schnellen Morgenwäsche unterzogen und ihre Rücksäcke packten, um einem neuen Abenteuer entgegenzugehen, waren in unserem Camp noch alle Zelte dicht verschlossen. Ich mußte kurz ins Gebüsch, dann kroch ich zurück ins Zelt. Zwei Stunden später holte Nick unseren Campingkocher heraus und begann Tee zuzubereiten.

Wir hatten ein ernstes Gespräch miteinander. Ab jetzt würde der Berg nicht mehr mit sich spaßen lassen. Wir waren mit unseren Rädern soweit zurechtgekommen, die Träger hatten unsere Ausrüstung mehr oder weniger zuverlässig heraufgebracht – doch jetzt mußte alles hundertprozentig klappen.

Michèle, Nick, Pete und ich hatten etwas Bergerfahrung, und wir mußten darauf achtgeben, daß auch Maggie und Kate für den Notfall gut ausgerüstet waren. Jeder von uns mußte warme, wasserfeste und atmungsaktive Kleidung, Handschuhe, Schal, Wasserflasche, Kompaß, Taschenlampe, Sonnen- und Schneeschutzbrillen, Sonnenschutzcreme und eine Lebensmittelration mit sich tragen. Wir alle hatten schon begonnen, unsere Diamox-Tabletten gegen Höhenkrankheit einzunehmen, und wir waren bereit, sofort in niedrigere Höhen abzusteigen, sollten auftretende Symptome es erfordern. Wir machten den anderen klar, daß jeder die extra warmen Sachen nicht nur mitschleppen, sondern sie auch sofort anziehen sollte, sobald ihm durch Regen, Wind, Schnee oder Müdigkeit kalt werden sollte. Es war wichtig, die Körperwärme zu speichern, und keiner durfte lethargisch reagieren, wie: „Mir ist zu kalt, um das Zeug rauszusuchen" oder „Es ist ja sowieso nicht mehr weit bis zum Camp."

Ich machte mir Sorgen um Kate und Maggie, die ich noch nicht genug kannte. Aber meine Sorgen waren sicher überflüssig, denn sie schienen sich am Berg wohl zu fühlen. Sie hatten zwar einen mächtigen Respekt vor dem oberen Teil des Kilimandscharo, aber eine Schwierigkeit richtig einzuschätzen war schon der halbe Weg, sie zu bewältigen.

☆

Ich war leicht gereizt: Wir hatten einen weiten Weg vor uns, wenn wir die Kibo-Hütte heute noch erreichen wollten, und hatten noch immer nicht die Räder überprüft und die Polsterung der Stangen vorgenommen. Wir mußten auch noch einmal mit den Trägern verhandeln. Wenn wir uns nicht beeilten, würden wir noch um die Mittagszeit hier herumhängen. Es dauerte endlos lange, bis die anderen aus ihren Schlafsäcken heraus waren und in Bewegung kamen.

Bei näherer Inspektion unserer Fahrräder konnten wir keinen Schaden entdecken – noch nicht. Pete und ich stellten die Radlager nach und suchten den Rahmen nach Rissen oder Verbiegungen ab. Die Reifen hatten noch immer denselben Druck, mit dem wir gestartet waren, und zeigten erstaunlicherweise keine Anzeichen von Abnutzung. Wir hatten hier die letzte Chance, alles in Ordnung zu bringen. Wenn wir einmal in höheren Regionen waren, würden wir wahrscheinlich nicht mehr die Energie haben, und der Kopf würde langsamer arbeiten. In weiser Voraussicht kontrollierte ich auch die Bremsen und stellte sie exakt ein, damit sie in drei oder vier Tagen bei der großen Abfahrt funktionierten.

☆

Dicks Tagebuch, 29. Dezember 1984, 9 Uhr 30, Horombo-Hütte, auf einem Felsen, mit einer Tasse Tee: Verdammt, ich bin wirklich sauer. Drei Stunden sind bereits vom Tageslicht verstrichen – und die Handwerker noch immer hier herum! Seit einer Stunde bin ich abmarschbereit und warte, daß die anderen fertig werden. – Macht zu, ihr lahmen Enten!

Nick und Pete beugen sich über eines der Räder, in ihren Händen halten sie Schraubenschlüssel und Schraubenzieher. Wahrscheinlich bauen sie das ganze Ding um, so daß Dick sich bloß noch an ein Seil zu klammern braucht, das ihn bis auf den Gipfel zieht.

Michèle pumpt wie verrückt an einem Petroleumkocher, während Maggie ein Feuerzeug darunterhält. Vermutlich wollen sie feststellen, ob sie auf diese Art in die Luft fliegen können.

Kate hat mich bereits zehnmal mit der Frage genervt: „Wo sind die Haferflocken?" Jetzt ist sie dabei, zwei Rucksäcke auszuräumen, um sie dann wieder neu zu packen.

Nun kommt Nicas, um uns anzutreiben. Wir sollten endlich losgehen. Aber er sieht doch – wir sind noch nicht fertig! Was für eine Zeitverschwendung mit so einer erweiterten Expeditionsgruppe. Man braucht die ganze Zeit, nur um alles zu organisieren. Benötigt man eine Prise Salz, müssen erst sechs Rucksäcke durchwühlt werden, und dann finden sich Hunderte von Plastiksäcken, die voll mit weißem Pulver und unbeschriftet sind. Es könnte Kartoffelpulver, Milchpulver, Mehl, Zucker oder Salz sein. Dasselbe Gewühle, will man eine Tasse Tee trinken. Und jede Nacht wird erneut das ganze Zeug auf dem Boden ausgebreitet.

Vorbei sind die freien, unkomplizierten Tage unserer Zwei-Mann-Touren, an denen wir nur das Allernotwendigste bei uns hatten. Es war so wenig, daß wir jedes Stück innerhalb einer halben Sekunde finden konnten – selbst bei Dunkelheit. Kein Wunder, daß große Expeditionen so lange dauern und nicht viel dabei herauskommt.

Nick geht mir auf die Nerven. Er versucht alles perfekt zu machen, ist als erster auf, macht den Tee, plant die Tagesroute, legt das Zelt zusammen, und nun stellt er die Räder noch einmal von vorne bis hinten neu ein, um sie noch schneller zu machen. Ich kann ihn schon beim Aufstieg sehen, wie er voll konzentriert mit leuchtenden Augen und sehnigen Muskeln in die Pedale tritt. Und ich kann mich wieder hinter ihm halten und zusehen, wie der Dreck von seinem Hinterrad mir voll ins Gesicht fliegt.

☆

Wir diskutierten gerade, wie wir am besten die Rahmenstangen polstern könnten, als die Konfrontation mit den Trägern sich erneut entzündete. Nicas beschied, er könnte nicht länger auf uns warten. Er kam zu uns und fragte, wann die Säcke fertig gepackt und zum Tragen bereit seien. Dann kamen die Träger heran und begannen halbgefüllte Rucksäcke hochzuheben. Verzweifelt das ganze Gepäck im Auge behaltend, berieten wir sechs in einer Blitzkonferenz, was zu tun sei.

Wir hatten den Eindruck, daß wir viel mehr als notwendig mit uns schleppten. Die Konsequenz war, daß wir einen Teil der Ausrüstung in Horombo zurücklassen wollten. Weniger Gepäck würde es auch den Trägern leichter machen. Alles was nicht unbedingt wichtig war, um den Gipfel zu erreichen, sollte dagelassen werden. Jeder begann nun seine Sachen zu durchsuchen, und Berge von Kleidern, Büchern, Flaschen und diversem Krimskrams häuften sich auf.

Auch von der Radausrüstung ließen wir die Hälfte in Horombo zurück, darunter Werkzeug und Ersatzteile, wie zwei Reifen, einen Zahnkranz und eine Schaltung. Wir nahmen nur das notwendigste Werkzeug mit, um Reifen zu flicken, Bremsen einzustellen, die Kette zu reparieren oder um die Gangschaltung umzubauen, sollte diese den Geist aufgeben – und wir aus fünfzehn Gängen einen machen müssen! Würden die Räder bei einem Unfall einen größeren Schaden nehmen, würden wir die verbliebenen Teile zusammenklauben und sie den Berg hinauftragen.

☆

Dicks Tagebuch, Horombo-Hütte, 29. Dezember 1984, 10 Uhr 30, auf dem Felsen sitzend, ohne Tee: Alles wurde noch einmal umorganisiert, und überflüssiges Gewicht soll also in Horombo bleiben. Nicas wollte uns beim Aussortieren helfen. Wir hätten ihn gerne miteinbezogen, aber unsere Ausrüstung unterscheidet sich etwas von der normaler Bergsteiger, und so machten wir es lieber selber. Die Träger waren sehr ungeduldig. Verständlich. Sie erzählten mir, daß es am späten Nachmittag meist Regen und Nebel gibt, und dann wollten sie bereits im Schutz der Kibo-Hütte sein.

Dann gab es einen neuen Kampf um das Gepäck. Sobald ein Sack für einen Moment abgestellt wurde, griff auch schon ein Träger danach in der Annahme, es sei seine Last für den Tag. Ich konnte es ihnen nicht übelnehmen, denn wir rannten geschäftig hin und her, um unsere Rucksäcke so leicht wie möglich zu machen, und stopften soviel wie möglich in die Säcke, die sie tragen sollten. Während alle anderen Männer rund um die Zelte und Kochausrüstung standen, um die besten Packen zu bekommen, stand Solomon neben Nick und Pete und wartete. Er wollte den Ersatzreifen auf seine Last geschnallt haben. Er war damit der einzige Träger, dem man sofort ansah, daß er zu den „verrückten, radfahrenden Engländern" gehört – und darauf war er stolz!

Der falsche Weg

Sobald die Rucksäcke endgültig gepackt waren, schulterten die Träger ihre Lasten und machten sich eilig auf den Weg. Als sie außer Sicht waren, kamen wir uns ein wenig verloren vor inmitten unserer restlichen Sachen auf dem kleinen, grauen Kiesplateau.

Wir wählten eine Schlafmatte aus, die wir in lange Streifen schnitten und rund um die Rahmenstangen der Räder wanden. Dick und ich hatten dabei unterschiedliche Ansichten: Ich wickelte alle drei Stangen doppelt ein; er bevorzugte eine dreifache Umwicklung bei nur einer Stange. Ich verwendete Rucksackverschnürungen, um die Wattierung zu befestigen. Dick entschied sich für eineinhalb Kilometer Garn. Die Endresultate sahen etwas eigenartig aus, waren aber gleich wirkungsvoll.

Die letzte Aufgabe an diesem Morgen war, I. T.-Abzeichen auf unsere Kleidung zu nähen, so daß der Zweck unseres Unternehmens auch auf den Fotos ersichtlich war. Da es jedoch kalt war, behielten wir während des Nähens die Kleider an. Wir hatten auch zwei größere I. T.-Embleme, die wir auf den vorderen Latz unserer Hose nähten. Dick war schon immer ein guter Näher gewesen und brachte es fertig, das Emblem so anzubringen, daß es leicht zu falten war, wenn sich ein natürliches Bedürfnis anmelden und der Reißverschluß schnell geöffnet werden sollte. Mir dagegen gelang es, das Emblem nicht nur an den Hosenlatz, sondern auch auf das darunterliegende T-Shirt und das darunter befindliche Unterhemd zu nähen. Daß ich mich komplett eingenäht hatte, entdeckte ich erst zwei Stunden später, als ich anhielt, um eine Riesen-Senecie zu bewässern. Ich bemerkte zu spät meine Ungeschicklichkeit und landete – mich mit gekreuzten und verkrampften Beinen windend, mit Fingern, die an den Fäden zerrten, und mit zusammengekniffenen Augen – am Boden! Man mußte mich freischneiden. Das rettete zwar den Tag, aber nicht die Riesen-Senecie.

☆

Dicks Tagebuch: Um 11 Uhr machten wir uns endlich auf den Weg. Die ersten Leute, die am Morgen von der Kibo-Hütte abgestiegen waren, trafen bereits in Horombo ein. Der Weg war steinig und trocken, und bald waren wir im alten Trott: ein paar Meter fahren, vom Rad herunterfallen, nach Atem ringen, das Rad aufheben, ein paar Meter schleppen, kurz in die Pedale treten, herunterfallen ... Wir begegneten ein paar Leuten, die recht mitgenommen aussahen. Sie waren, wie sie uns erzählten, um Mitternacht von der Kibo-Hütte aufgebrochen, waren die 100 Meter zum Gilman's Point am Kraterrand aufgestiegen und dann, nachdem die Kopfschmerzen zugenommen hatten, schnell wieder nach Kibo abgestiegen. Nach einer kleinen Rast hatten sie den Weg über den Sattel nach Horombo fortgesetzt. Jetzt, um die Mittagszeit, waren sie bereits zwölf anstrengende Stunden auf den Beinen.

☆

Nachdem wir Horombo verlassen hatten, kamen wir an eine Weggabelung. Wir waren nicht sicher, welcher Weg der richtige war, und da die Wolken bereits die Abhänge einhüllten, konnten wir keine weitere Wegspur oder Menschen sehen. Aufs Geratewohl wählten wir die linke Möglichkeit. Wir fuhren über Steine und Kies und riefen einander zu, wie großartig wir uns fühlten. Und war es nicht wundervoll, wieder eine längere Strecke auf den Rädern vorwärtszukommen? Der Boden wurde besser und besser, und wir wurden schneller und schneller – kein Wunder, denn der Weg ging abwärts. Abwärts? Halt! Wir wollten doch eigentlich aufwärts!

In diesem Augenblick tauchte eine langsam wandernde Gruppe aus dem Nebel vor uns auf. Ihr Führer, ein großer, ernster Mann, sah aus, als würde er über die Routen Bescheid wissen.

„Entschuldigen Sie, ist das der Weg zur Kibo-Hütte?" fragte ich.

„Hallo, wo wollen Sie denn mit diesen Fahrrädern hin?" fragte der Mann auf deutsch.

„Wir glauben, daß wir vom richtigen Weg abgekommen sind. Von wo kommen Sie denn her?"

„Sie sind ja wahnsinnig!" sagte der Mann wieder auf deutsch.

Ich wandte mich an Dick – der nicht so gut Deutsch versteht wie ich – und erklärte ihm: „Der Mann sagt, wir sind auf dem falschen Weg. Sie kommen von einem Ort, der ‚Varnsinig' heißt. Hab' noch nie davon gehört, die Leute müssen sich mehr verlaufen haben als wir. Wie auch immer, Kibo kann nicht da unten sein. Es ist besser, wir versuchen es mit dem anderen Weg."

Wir drehten um. Es schien ein langer, sehr langer Samstag zu werden.

Da wir querfeldein eine Abkürzung nahmen, waren wir schnell wieder auf dem richtigen Weg. Zwei Stunden ging es gut voran, mal konnten wir fahren, mal mußten wir die Räder tragen. Wir redeten dabei wenig miteinander. Hin und wieder begegneten wir kleinen Gruppen, die müde und wie betäubt den Berg herunterkamen.

☆

Dick: Unter einem breitkrempigen, grünen Hut starrten uns aus einem pergamentartigen Gesicht zwei glänzende Augen entgegen.

„Seid ihr verrückt?“ wurden wir mit erregter Stimme gefragt. „Ihr wollt mit diesen Rädern da rauf?“ Und der Mann zeigte mit seinem Stock auf die Hänge des Schneegipfels. Der Berg war bereits so nahe, daß wir die Eiswände am Kamm und die langen, schwarzen Lavarinnen erkennen konnten.

„Wir versuchen es.“

„Über den Sattel geht es ja, der ist flach und hart, aber dann . . .“ Und er stieß einen kurzen Pfiff aus.

Mit dem sonnenverbrannten Gesicht, den hohen Stiefeln und den schmutzigen Kleidern glich er einem abgekämpften Forscher aus vergangenen Kolonialtagen. Es waren noch sechs andere bei ihm. Offensichtlich bereitete ihnen das Abenteuer viel Spaß, man sah ihnen an, daß das Erreichen des Gipfels für sie ein außergewöhnliches Erfolgserlebnis gewesen sein mußte. Wir alle, die wir uns in die Schneeregion wagten, spürten ein unsichtbares Band, das uns miteinander verband.

„Auf dem Weg zum Krater habe ich mich fünfmal übergeben müssen“, sagte der Mann.

Und ich dachte: Das nennt man Ausdauer.

Seine Freunde wollten wissen, wer unsere Räder gebaut hat und was *Intermediate Technology* bedeutet. Während Nick ihre Fragen beantwortete, wanderte mein Blick über die wattebauschartigen Wolken unter uns, dann drehte ich mich um, und meine Augen blieben am Kibo-Gipfel haften. Einfach herrlich! Hier standen wir – mitten in Afrika, 6000 Kilometer von zu Hause entfernt, auf halbem Weg zu einem schneebedeckten Gipfel! Ich mußte mich selbst zwicken, um mir zu beweisen, daß es nicht ein Traum war. Man vergißt leicht, wie glücklich man sich eigentlich schätzen kann.

Der Weg wurde ebener, es ging nicht mehr so häufig auf und ab. Braune Aschekegel tauchten auf. Der Wind wurde stärker. Ein Träger ohne Last kam uns entgegen. Er sah mager und verloren aus. Er war nur mit einer kurzen Hose und einem roten Baumwollhemd, das mit einem Knopf und einer Sicherheitsnadel geschlossen war, bekleidet. Er hatte keine Socken, und seine Schuhe waren ihm einige Nummern zu groß.

☆

Wir kletterten über einen steilen Felskamm und rollten auf der anderen Seite den Hang abwärts zu einem kleinen Tümpel, der zu den bekanntesten Markierungen am Kilimandscharo zählt. Aus einem dünnen Rohr tropfte Wasser in eine dunkle, flache Torfgrube. Auf einem Brettchen stand zu lesen: *Last Water* – letztes Wasser . . . Zwischen dieser seichten Pfütze und der Schneeregion gab es keine Wasserstelle mehr.

Durstig, wie wir waren, tranken wir jeder zwei Wasserflaschen leer, bevor wir sie noch einmal auffüllten und in unseren Rucksäkken verstauten.

☆

Dicks Tagebuch, 29. Dezember 1984, 13 Uhr: Kurz nach Mittag erreichten wir die letzte Wasserstelle, deren Boden grünlich schimmerte. Über uns zogen flockige Wolken am blauen Himmel dahin. Die Luft war frisch und klar. Pete machte viele Aufnahmen. Nick purzelte in eine tiefe Bodenrinne. Bis über beide Ohren voll Torf kam er wieder herausgekrochen. Zwei Träger gingen an uns vorbei. Einer hatte keine Schuhe an. Die Last trug er auf dem Kopf. Beide schenkten uns ein breites Lachen.

Auf dem Weg zum Wasserloch war der Boden staubig, mit Klumpen von Gras oder Heidekraut und faustgroßen Steinen übersät. Ich fiel einige Male hin. Wir kamen ganz schön ins Schwitzen. Die Luft ist sehr trocken – muß an der Höhe liegen. Wir sollten uns das nächstemal ein besseres Gelände zum Radfahren aussuchen. Wir könnten es mal mit dem Karakorum-Highway oder der mongolischen Steppe versuchen.

☆

Die letzte Wasserstelle befindet sich in einer seichten Mulde, und wir spürten hier den Wind nicht so stark. Wir holten unsere Karte heraus. Sie bestand aus vier zusammengeklebten DIN-A4-Blättern, auf der sich verschiedene Linien, die Bäche oder Wege – oder auch beides – sein konnten, kreuzten. Das Kopiergerät hatte es nicht geschafft, die Himmelsrichtungen zu erfassen, deshalb mußte wir den Norden erraten. Dick verfolgte mit einem Finger die Route von Marangu über Mandara, Horombo und weiter.

„Wir müssen irgendwo hier sein", sagte er überzeugt und zeigte auf einen kleinen, eingetrockneten Erdnußbutterklumpen, der sich gerade mit dem Wasserloch, vor dem wir hockten, decken mußte. Das einzige, was auf der Karte klar erkannt werden konnte, war das breite Plateau in einer Höhe von mehr als 4000 Metern, welches die beiden Gipfel Kibo und Mawenzi trennt. Das ist der Sattel, der nahe vor uns liegen mußte.

Das Problem mit den Cashewnüssen

Dick sah ihn erst. Es war ein guter Grund, die Räder abzusetzen, stehenzubleiben und zu schauen: Vor uns lag der Sattel, ein Paradies für gutes, glattes Radfahren. Er sah flach aus. Breit, braun und staubig zog er sich wie eine Wüste zum Fuße des Kibo hin. Wie ein Faden krümmte sich durch die Weite ein rotgelber, blasser Pfad, der sich auf halber Strecke aufzulösen schien. Schneebedeckt dominierte der Kibo über der ganzen Landschaft. Wir konnten kaum die Augen von dem phantastischen Anblick abwenden. Wir hatten zweieinhalb Tage gebraucht, um diesen

Punkt zu erreichen. Noch einmal so lange würden wir benötigen, um diese Wüste zu durchqueren, und den Kraterrand sowie den Uhuru Peak zu erreichen. Sogar von hier, aus etwa sechs Kilometer Entfernung, sah der Aufstieg auf den Kibo unheimlich steil aus. In der Nähe des Gipfels konnten wir Felsenriffe und Eisfälle erkennen, durch die wir unseren Weg würden suchen müssen.

Der Sattel war ein Vergnügen! An manchen Stellen war der Weg breit genug, daß wir Seite an Seite fahren konnten. Die Räder wirbelten feinen Staub auf, die Sonne brannte unbarmherzig auf uns nieder, und unsere Augen wurden in dem grellen Licht zu schmalen Schlitzen. Allein für diese Strecke lohnte es sich heraufzukommen, um in 1000 Meter Höhe auf einer schnellen, gleichmäßigen Spur und unter blauem Himmel dahinzujagen.

☆

Dick: Der Sattel war die einzige Strecke, wo wir richtig drauflosfahren konnten. Ich erinnerte mich an ein Erlebnis in meiner Kindheit im Jahre 1969. Mein älterer Bruder Ados nahm meinen jüngeren Bruder Chris und mich zu unserem ersten Radausflug auf einen Berg mit. Unser Ziel war die Hochebene auf dem Helvellyn. Wir mußten unsere 15-Gang-Räder den ganzen Weg hinauftragen. Die dünnen, harten Straßenräder waren oben in einer Höhe von 1000 Meter nicht sehr vorteilhaft, aber wir hatten wenigstens etwas unternommen, was unser Vater noch nicht getan hatte.

Wir drei Brüder probierten weiterhin abseits der Straße unsere Räder aus, wobei wir eine bestimmte Himmelsrichtung wählten und dann geradeaus darauflosfuhren und versuchten, ja nicht von der Richtung abzuweichen. Mein jüngerer Bruder war dabei derjenige, der tapfer zeigte, daß er es mit seinen älteren Brüdern aufnehmen konnte. Ich dagegen war derjenige, der ständig maulte und stöhnte. Ados war der Einfallsreiche. Seine Ideen galten nicht nur unserem Vergnügen, sie waren auch technischer Art. Er koppelte z. B. eine 5-Gang-Schaltung mit einer dreigängigen Sturmey-Archer-Nabe und fügte ein dreifaches Kettenblatt dazu. Das Ergebnis war: 45 Gänge! Es funktionierte bestens, und Ados fuhr damit über die Pyrenäen, aber das Rad mußte eine Tonne gewogen haben.

Unsere Mädchen, die hier auf dem Berg erfolgreicher waren als wir, hatten dagegen wenig Erfahrung mit Fahrrädern. Maggie und Kate hatten Räder als kleine Kinder gehabt. Michèle hatte zwar während ihrer Schulzeit schon ein 400 ccm starkes Motorrad, aber ihr erstes Fahrrad bekam sie erst mit 19 Jahren, als sie unserem Universitäts-Radclub beitrat. Komisches Mädchen.

☆

Der Sattel ist eine Welt zwischen Urwald und Eis. Er ist weder von unten, von der Ebene, noch weiter oben von den bewaldeten Hängen aus zu sehen, da er von den wuchtigen Bergkonturen total verdeckt wird. Hat man den Sattel erreicht, gibt es keine Vegetation mehr zu sehen. Die Landschaft wird von den beiden Gipfeln Kibo und Mawenzi, zwischen welchen der Sattel liegt, beherrscht. In der einfarbenen „Schutthalde" liegen riesige abgerundete Geröllblöcke herum. Sie sehen aus, als wären sie achtlos hingeworfen worden, so als hätte ein Riese Murmeln mit ihnen gspielt und sie dann vergessen. Zwischen harter Lava ragten einzelne Vulkankegel auf. Unsere in der Sonne glitzernden Räder und die leuchtend blaue Kleidung vervollständigte die unwirkliche, gemäldeartige Szene.

☆

Dick: Wir machten ein Experiment: Wir verließen den hartgetretenen Pfad und erprobten das weite, offene Feld. Doch unsere Räder sanken sofort in den lockeren Grund ein. Keine Erde hielt den Staub und das lose Gestein zusammen. Da es auch keine Tiere gab, weder Ratten oder Mäuse noch Würmer oder Käfer, die in und auf der Erde tätig wurden, konnte es lange dauern, bis der

Wind oder gefrorener Tau die Fußstapfen menschlicher Lebewesen auslöschte. Mit Unbehagen blickten wir auf die von uns hinterlassenen Spuren und eilten zum Weg zurück. Manchmal entdeckten wir die Spuren von Bergsteigern, die wie wir den Pfad verlassen hatten. Aber es hatte den Anschein, daß die meisten Leute zu müde waren, um das offene Feld zu erforschen, und sicher waren die Führer angewiesen, solche Ausflüge nicht zu unterstützen. Mr. Nassari war sicher um die Erhaltung der Natürlichkeit des Berges bemüht. Nicht wegen der Touristen, die kamen von allein; seine Sorge galt der Zukunft des Nationalparks. Ein kleines Handbuch über Flora, Fauna und Geologie für die Besucher könnte ihn bei dieser Aufgabe sicherlich unterstützen.

☆

Wir trafen uns mit den drei Mädchen an einem schützenden Felsüberhang, über den kalt der Wind blies. Sie hatten sich fest eingewickelt, froren aber trotzdem, denn sie warteten bereits seit zwei Stunden auf uns. Wir tauschten unsere neuesten Erlebnisse aus. Sie waren rasch vorwärtsgekommen. Der Sattel hatte sie genauso wie uns beeindruckt. Sie hatten die Wartezeit mit Dahindösen oder Knabbern von Süßigkeiten verbracht. Nicas und Simon hatten ihnen erst Gesellschaft geleistet, waren aber vor einer Weile aufgebrochen, um die Kibo-Hütte noch am Nachmittag zu erreichen.

☆

Dicks Tagebuch, 29. Dezember 1984, 14 Uhr, auf dem Sattel: Nick, Pete und ich kamen etwas verspätet zum verabredeten Treffpunkt. Genauer gesagt: zwei Stunden. Arme Mädchen, ihnen war kalt! Zwar schien die Sonne, aber die konnte in dieser Höhe schlimmen Sonnenbrand verursachen. Ein wenig langweilig ist ihnen während der Warterei auch geworden. Als wir lachend und herumalbernd zu ihnen stießen, war ihre Reaktion: „Ihr habt den ganzen Spaß. Laßt uns auch einmal auf die Räder!"

Während wir uns in der Sonne ausruhten, fuhren die Mädchen auf den Fahrrädern herum. Maggie und Michèle haben zwar nicht die Kraft in den Beinen wie wir, hielten sich aber gut. Kate kam mit dem rauhen, unebenen Boden nicht besonders zurecht.

Plötzlich fuhr Michèle den Hang hinunter, kam ins Schleudern und purzelte vom Rad. Zu dem Schrecken und ein paar Schrammen kam noch die Mühsal des Aufstiegs zu unserem Lagerplatz.

☆

Die Mädchen machten sich mit unternehmungslustigen Gesichtern wieder auf den Weg. Sie versprachen, die Zelte aufzubauen und Schnee zu schmelzen, um Wasser für uns bereit zu haben. So etwas nenne ich Gemeinschaftsgeist: eine selbstlose Hilfstruppe, die unermüdlich Tee kocht und Zelte aufschlägt, während die beiden Helden auf ihren Rädern gegen die Elemente der Natur ankämpfen!

Erschöpft fielen wir wieder in die warmen Staubmulden, die die Mädchen zurückgelassen hatten, und wandten uns einem wichtigen Fall zu.

„Gibt es nichts zu essen?" fragte Dick, als wir mit ausgestreckten Beinen in der Sonne lagen. Dick wühlte in seinem Rucksack und zog eine Plastiktüte heraus. Sie enthielt ein Paket „Ryvita", ein Päckchen Cashewnüsse, geschmolzene Süßigkeiten und die Überreste seines Geburtstagskuchens, die nur noch aus ein paar bunten klebrigen Krümeln bestanden.

„Gibt es denn nichts, um das ‚Ryvita' zu belegen?" fragte ich mit trübem Blick auf die trockenen, dünnen Brotscheiben.

„Erdnußbutter. Da ist eine Dose in meinem Rucksack." Flink wie ein halbverhungertes Eichhörnchen, das sich plötzlich erinnert, wo es seine besten Nüsse vesteckt hat, robbte Dick zu seinem Rucksack, öffnete schnell die Schnallen, tauchte eine Hand in das Innere und zog sie mit einem Behälter, voll mit seiner Lieblingsspeise, wieder heraus.

Ich werde fast krank, wenn ich das schmierige, braune Zeug nur sehe. Aber Dick liebt es und mischt es mit allem, was ihm unter die Finger kommt: mit Marmelade, Käse, Rosinen, Bananen und Abführriegeln. Am besten mit allem zusammen.

Alles, was an Eßbarem vorhanden war, mußte natürlich genau zwischen uns dreien aufgeteilt werden. Jeder von uns hatte das Recht auf die gleiche Qualität und Quantität. Die „Ryvitas" zu teilen war einfach, für jeden gab es drei Stück, die restlichen Krümel im Paket gehörten Dick, denn eine seiner Scheiben hatte eine abgebrochene Ecke. Die Erdnußbutter war etwas schwieriger aufzuteilen und konnte nur nach normalen Streichportionen gemessen werden. Aber nachdem ich das Zeug sowieso hasse und noch einige Kilo davon in verschiedenen Rucksäcken untergebracht waren, fand ich diese Aufteilung nicht so wichtig wie die der Cashewnüsse, von denen wir nur wenige bei uns hatten, obwohl sie bei uns allen sehr beliebt waren. Im Gegensatz zum größten Teil unseres Proviants waren die Cashewnüsse das einzige, das wirklich schmeckte.

Wir leerten alle Cashewnüsse auf den Deckel eines Plastikbehälters und ordneten drei gleiche Häufchen an, die wir dann noch einmal neu aufteilten, diesmal in Pyramidenform. Es kam zu einer Debatte, weil wir Unterschiede in den Pyramidengrößen zu erkennen glaubten. Wir stellten uns also darüber, um von oben einen besseren Überblick zu haben, dann gingen wir zu Boden, um die Anhäufungen aus der Horizontalen und auf allen vieren kriechend zu kontrollieren, und um uns zu vergewissern, daß die Höhe und die seitlichen Ausmaße auch wirklich gleich waren. Eine Nuß wurde von einer Pyramide auf eine andere gelegt, dann wurde wieder geprüft. Da wir keinen unparteiischen Schiedsrichter hatten, konnten wir nur auf unsere gegenseitige Übereinstimmung warten. Trotz neuer Umschichtungen von ganzen, halben und fragmentarischen Nüssen konnten wir uns nicht einigen, die

Optik für eine Entscheidung heranzuziehen. So blieb uns nichts anderes übrig, als alle Nüsse zu zählen und durch drei zu dividieren. Einige Sekunden nach Beendigung des Zählens sah es fast so aus, als würde unsere Gruppenharmonie ins Wanken geraten. Wir hatten nämlich 223 Cashewnüsse gezählt.

„Da bleibt ja eine dumme Nuß übrig", sagte Pete ermüdet.

„Na ja", versuchte ich ihn zu trösten, „zumindest ist sie nicht allein."

Vom Schneesturm überrascht

„Wißt ihr, wie viele Kalorien so eine Scheibe hat?" fragte ich, nachdem ich die Aufschrift der „Ryvita"-Packung gelesen hatte.

„Sechsundzwanzig", antwortete Dick spontan. Er verbringt viel Zeit damit, Aufschriften von Lebensmittelpackungen zu studieren, denn er ist der Meinung: Sie kosten weniger als Zeitschriften, erzählen aber mehr."

„Dann sind das 5474 Kalorien weniger, als wir pro Tag brauchen." Diese Erkenntnis verstärkte unser leichtes Hungergefühl nach diesem nicht gerade sättigenden Mahl. Pete machte ein paar Aufnahmen, und Dick reichte die UV-Sonnencreme herum, die unsere Gesichter und Hände vor den starken Sonnenstrahlen schützen sollte. Wenn alles gutging, würden wir in zwei Stunden die Kibo-Hütte erreichen.

Der Weg wurde steiler, und wir mußten in einen niedrigeren Gang schalten. Es ging durch ein Feld mit kleinem Geröll. Wir mußten auf den Pedalen stehen, um den hindernisreichen Weg zu bewältigen, und wir hofften, nicht von den Rädern zu fallen, denn jedes Wiederaufsteigen kostete in der dünnen Luft enorme Kraftanstrengung. Langsam nur kamen wir vorwärts. Hinter unserem

Rücken rollte eine riesige, graue Wolke den Mawenzi herunter und schickte ihre Schatten über den Sattel direkt auf uns zu. Wir fühlten die Schärfe des kalten Windes, und bevor wir noch unsere Jacken zugemacht hatten, jagte ein Schneeschauer horizontal den Weg entlang. Wir hielten an, um mit plötzlich eiskalt gewordenen Fingern die Schnüre an Kragen und Ärmel zuzuziehen und die Kapuzen überzuziehen. Es wurde dunkel, und Eiskristalle stachen in die Augen. Wir mußten die Schneebrille aufsetzen, um sehen zu können. Uns gegen den unbeherrschten Wind stemmend, fuhren wir unsicher weiter. Wir hielten uns knapp hintereinander und wechselten regelmäßig die Positionen, um hinter dem anderen Schutz zu finden. Bisher hatten wir auf dieser Expedition noch keine wirklich schwierige Situation erlebt. Uns gegen Stürme zu behaupten war etwas, mit dem Dick und ich von zu Hause her vertraut waren. Ich fühlte mich in meinem Element. Pete war vor uns, zog sich hinter einen riesigen Steinblock zurück und versuchte in die wild flatternde Überhose zu steigen. Unsere Räder boten dem Wind eine viel größere Angriffsfläche als ein Mensch, der zu Fuß geht. Daher mußten wir wahnsinnig aufpassen, daß wir nicht umgeblasen wurden.

☆

Dick: Es war schwierig vorwärtszukommen. Alles, was ich denken konnte, war, unsere Zelte und Freunde sicher zu erreichen. Pete schritt, eingehüllt in Nebel, tapfer durch die Kälte. Der heftige Wind und der steile Hang ließen uns immer langsamer werden. Der Wind zerrte an meiner Kapuze, und ich zog die Manschetten der Handschuhe fester.

Aus dem diffusen Licht vor uns tauchte plötzlich eine Gestalt auf. Der niedrig treibende Schnee und ein bitterkalter Wind trieb sie auf uns zu. Sie hatte nur eine hautenge, schwarze Hose und eine blaßgelbe, dünne Jacke an, und um den Kopf war ein Schal gebunden, der Augen und Nase frei ließ. Hinter der Gestalt war nichts zu sehen, als der einsame Weg, der sich im Nebel verlor.

Richard König war der am meisten frierende Bergsteiger, dem wir begegnet sind. Seine Beine schlotterten vor Kälte, und nur mühsam konnte er Worte formen. Ich fragte, ob er von der Kibo-Hütte käme. Nein, sagte er, er sei zwar daran vorbeigekommen, habe aber nicht angehalten. Ich erklärte ihm, daß wir zur Hütte wollten, und wenn ihm so kalt sei, solle er doch mit uns kommen. In der Kibo-Hütte könnten wir ihn mit Kleidung und einem Schlafsack versorgen. Nein, er wäre in Ordnung. Er hätte seine Ausrüstung unten. Ah, sagte ich, und da warten sicher deine Freunde auf dich! Nein, ich hatte mich wieder geirrt. Es stellte sich heraus, daß er allein unterwegs war. Die Geschichte wurde immer merkwürdiger. Er erzählte uns, daß er von der anderen Seite des Berges käme, wo er den Großteil seiner Sachen zurückgelassen hatte.

Nun folgten abenteuerliche Einzelheiten. Wir mußten feststellen, daß wir nicht die einzigen waren, die versuchten, mit Rädern auf den Gipfel zu kommen. Richard wollte ebenfalls mit einem Mountain-Bike auf den Kilimandscharo – von der anderen Seite aus. Wir hatten also Konkurrenz. Richard hatte jedoch nach zwei Tagen seinen Plan aufgegeben. – Doch gab es noch andere, die mit Rädern unterwegs waren?

Die Träger hatten berichtet, daß voriges Jahr Japaner bis zur Kibo-Hütte mit Rädern gekommen waren. Und wir hatten in Marangu von den beiden Australiern gehört, die vor einem Monat mit ihren Rädern von Mr. Nassari abgewiesen worden waren. Außerdem kannten Nick und ich zwei andere abenteuernde Australier, die vor zwei Jahren durch die Sahara geradelt waren und kurz davor gestanden hatten, den Kilimandscharo in ihren Trip mit einzuschließen. Es schien fast, als müßten wir uns beeilen, um die ersten mit Rädern da oben zu sein.

Richard erzählte weiter. Er war am 24. Dezember nach Nairobi geflogen, einen Tag nach mir, und hatte den gesamten Weg durch die Savanne nach Tansania auf dem Rad zurückgelegt. Einen Tag hatte er dazu benötigt. Er war dann nicht rund um den Kilimandscharo nach Marangu gefahren, sondern hatte sich die 150 Kilometer geschenkt und war von Nordwesten kommend gleich zum Shira-Plateau aufgestiegen. Die Route war so schlimm gewesen, daß er die meiste Zeit das Rad hatte tragen müssen. Er hatte in einer Höhe von etwa 4000 Meter kampiert und am nächsten Tag – als das Radfahren auf dieser Strecke immer schwieriger wurde – sein Rad zurückgelassen. Das sei vor zwei Tagen gewesen.

Er war erst seit drei Tagen in Afrika, war allein 300 Kilometer durch die Savanne geradelt, war 3000 Meter hoch gestiegen, hatte zu Fuß die steile Nordwestseite des Kibo zu erklimmen versucht, war aber umgekehrt, da die Eiskletterei zu gefährlich wurde. König war dann zur Marangu-Seite herübergekommen, hatte in einer Schlucht in seinem Biwaksack übernachtet und war am nächsten Morgen zum Kraterrand aufgestiegen, wobei er seine ganze Notausrüstung und den Proviant in der Schlucht zurückließ. Er schaffte es bis zum Kraterrand. Da es aber schon spät war, konnte er in dem dicken Nebel Gilman's Point nicht ausmachen. Nun war er auf dem Weg, um seine Ausrüstung wieder einzusammeln. Eine groteske Geschichte!

Richard deutete mit seinem Kopf gegen Schnee und Nebel. Er wollte weiter. Es blieb ihm nur noch eine Stunde Tageslicht, um 700 Meter abzusteigen und seine hinter Gebüsch versteckte Ausrüstung zu suchen. Wir wünschten ihm Glück. Doch wir waren froh, nicht an seiner Stelle zu sein. Ich streckte meine Hand aus, um die seine zu schütteln.

„Bitte, drück nicht so fest", sagte er, „sie tut mir vor Kälte weh."

Wir standen noch eine Weile und blickten dem Mann im gelben Anorak nach, wie er auf wackligen Beinen in dem milchigen Licht verschwand. Auch wir mußten uns wieder bewegen, um nicht in einen ähnlichen Zustand wie Richard König zu gelangen.

☆

Während sich Dick mit Richard unterhielt, hörte ich halb zu, halb döste ich vor mich hin. Ich versuchte den Schnee aus meiner Kleidung raus und die Körperwärme drin zu halten. Als wir wieder auf die Räder stiegen, war die Dämmerung nicht mehr weit. Dick hatte die Führung übernommen. Ich hatte den Kopf tief gebeugt, folgte den Radspuren vor mir und stellte mir in Gedanken vor, ich würde in einer warmen Küche sitzen, vor mir eine Schüssel voll Pudding mit Vanillesauce. Plötzlich hörte ich durch meine Kapuze Dicks Stimme.

„Wir haben uns verirrt! Der Weg ist verschwunden!“ rief er. Ich brauchte ein paar Sekunden, um zu begreifen.

„Verirrt?“ rief ich zurück, nicht sicher, ob ich richtig verstanden hatte. Wir hielten an und sahen uns um. Rundherum war alles weiß. Wir hatten das Gefühl, in einer dicken weißen Suppe zu schwimmen.

„Der Weg führte nach hier, er war immer schlechter zu erkennen, und er hat sich ganz in Nichts aufgelöst. Es ist schon dunkel, kaum noch was zu erkennen. Wo ist denn die Karte? Und wo sind die Taschenlampen?“

Wir wühlten in den Rucksäcken herum, fanden das fleckige Stück Papier, das unsere Karte war, doch sie half uns auch nicht weiter. Was wir feststellten, war, daß wir uns irgendwo in der Dunkelheit befanden. Und wir waren ziemlich sicher, daß es hier keine gefährlichen Felsenrinnen gab. Es würde bestimmt nicht einfach sein, die Hütte zu finden. Sollten wir sie nicht entdecken, müßten wir im Freien übernachten. Das wäre vermutlich nicht gefährlich, aber ohne Schlafsack würde es recht ungemütlich werden. Es wäre besser, wir würden die Hütte finden – und zwar schnell.

Die Suche nach der Kibo-Hütte

Aus verschiedenen Beschreibungen wußten wir, daß die Kibo-Hütte von Lavagestein umgeben ziemlich versteckt liegen mußte. Die Kompasse, die wir bei uns hatten, konnten uns nur ganz allgemein die Richtung anzeigen, doch sie konnten uns nicht den Weg zur Hütte weisen, da wir deren genaue Position nicht kannten und auch nicht wußten, wo wir uns befanden. Der auf unserer Karte eingezeichnete Punkt war vermutlich auch nicht korrekt.

„Das einfachste wäre, nach dem Weg zu suchen, und ihm dann bis zur Hütte zu folgen."

Das Problem war nur – der Weg war nicht mehr da. Wir trennten uns, wollten in etwa zwanzig Meter Entfernung voneinander das Gelände absuchen. Wir hofften, auf diese Weise den Weg zu kreuzen. Aber es war nicht leicht, in dem Halbdunkel Einzelheiten wahrzunehmen. Mein Rad schlug ständig gegen Steine, die ich nicht sah, oder ich sank an lockeren Bodenstellen ein.

Als ich glaubte, endlich Fußspuren zu sehen, rief ich Dick zu, er möge anhalten, und ging dann den Ort in weiterem Umkreis ab. Doch die Spuren verloren sich wieder, und wir setzten die Suche weiter fort. Einige Minuten später meinte Dick, er hätte den Weg gefunden und verfolgte die neue Spur.

„Der führt doch in die falsche Richtung!" brüllte ich in den Wind. Dick schien nicht zu hören. Dann sah ich Pete in seiner Nähe, der ebenfalls suchte. Um uns war es ganz dunkel geworden. Es schneite noch immer, und der Nebel war dicker als zuvor. Ich hatte Angst, daß Pete und Dick einer falschen Spur folgen könnten. Ich trat schneller in die Pedale, in der Hoffnung, vor ihnen den richtigen Weg zu finden. Nach etwa 100 Metern kreuzte ich eine breite Spur, wo mehrere Fußabdrücke zu erkennen waren. Sie bog links ab, und sah irgendwie gut aus, aber der steile Anstieg zwang mich, das Rad zu tragen.

„Hier ist der Weg!" schrie ich. Die Köpfe in der Entfernung drehten sich um. Sie hatten mich gehört. Während die beiden stehenblieben und warteten, schleppte ich mich auf den Hang. Das Rad auf meinem Rücken schien eine Tonne zu wiegen, aber ich hatte offensichtlich den richtigen Weg wieder gefunden.

Pete und Dick kamen nach. Vor uns wand sich der Pfad steil hinauf. Hoffentlich wirklich zur Kibo-Hütte! Hinter uns begann sich das Wetter wieder einmal zu ändern. Während wir uns den Hang weiter hinaufkämpften, klarte es unerwartet auf. Wir konnten wieder die Umrisse der uns umgebenden Lavablöcke erkennen und mußten nicht mehr länger nach unten starren, um uns zu vergewissern, daß wir uns auf sicherem Boden befanden. Plötzlich traten wir aus der Dunkelheit heraus und tauchten in eine überwältigende Sonnenuntergangsstimmung ein. Unter uns hingen Wolken, einem riesigen Federbett gleich, über dem Sattel, während der Mawenzi goldfarben aufleuchtete. Wir standen still da und beobachteten, wie der Tag entschwand. Wir waren heraus aus den Wolken, waren sicher, die Hütte zu finden. Ein einzelner Sonnenstrahl strich noch einmal über das Weiß unter uns, dann verloren die Schneefelder des Mawenzi ihre Helligkeit, und der ganze Berg wurde ein dunker Schatten in der Nacht.

„Jetzt haben wir wenigstens Gelegenheit, unsere Stirnlampen auszuprobieren", sagte ich. Wir hatten in London zwei ungewöhnlich starke Lampen, die von Bergsteigern benützt werden, gekauft. Sie erwiesen uns hier einen großen Dienst. Die Lampen hatten verschiedene Linsen, so daß ein unterschiedlich starker Lichtstrahl eingestellt werden konnte.

Sie hatten grellfarbene, elastische Bänder, mit welchen wir sie am Kopf befestigen konnten. So blieben unsere Hände frei, um die Räder zu steuern oder zu tragen, und wohin immer der Kopf sich drehte, der Lichtstrahl folgte.

☆

Dicks Tagebuch, 29. Dezember 1984, Kibo-Hütte: Mit guter Laune näherten wir uns der Hütte. Die versinkende Sonne brachte die Mawenzi-Felsen zum Glühen, einige der stolz aufragenden Bergspitzen waren von Wolkenkränzen umgeben. Unser Weg lag jetzt in tiefem Dunkel. Mit den Lampen auf den Köpfen arbeiteten wir uns vorsichtig vorwärts. Wenige Minuten, nachdem der Tag entschwunden war, tauchte die beinahe volle Mondscheibe am Himmel auf, die ihr silbriges Licht zu uns heruntersandte. Scharfe Mondschatten glitten neben strampelnden Nachtwandlern her. Die extreme Höhe machte sich bemerkbar. Wir rangen nach Atem wie Schläfer, die einen Alptraum haben. Kein Lüftchen regte sich.

Eine Stunde nach Sonnenuntergang schwankten wir dankbar in unser Lager bei der Kibo-Hütte. Der Gedanke an etwas Eßbares hatte zwar Vorrang, aber die Höhe dämpfte unseren Appetit. Wir tranken eine Menge Tee. Nick und Pete schafften zwar eine ganze Schüssel voll Spaghetti und Gemüse, die Mädchen und ich konnten jedoch nur ein paar Bissen hinunterbringen.

Die Gemeinschaftshütte hatte vier gerade Wände, ein Dach und einen knarrenden Bretterboden. Kein Wasser, kein Strom, kein Gas. Die Hütte hatte ganz kleine Fenster, um nicht zuviel Kälte einzulassen. Das Inventar bestand aus ein paar Holzbänken und einem Tisch.

Obwohl es erst neun Uhr abends war, schliefen bereits einige Bergwanderer in den Nebenräumen. Sie wollten um Mitternacht zum Gipfel aufbrechen. Wir versuchten uns so leise wie möglich zu verhalten, um sie nicht zu stören.

☆

Wir aßen bei flackerndem Kerzenlicht. Kate saß zusammengekrümmt und still da. Während der letzten drei Kilometer zur Hütte, die sie zusammen mit Michèle zurückgelegt hatte, war sie fast verzweifelt. Sie fühlte sich krank. Glücklicherweise waren sie nicht in den Schneesturm gekommen. Kate war unfähig zu essen. Ich dagegen war unverschämt hungrig und stürzte mich auf die dampfende Schüssel auf dem Tisch.

Um die Kerze sitzend hielten wir eine Konferenz ab, um eine Strategie zu entwerfen, wie wir am besten den Gipfel angehen sollten. Wir alle spürten die Höhe, hatten immer häufiger Kopfschmerzen und Schwindelgefühle. Wir würden uns erst an die erreichte Höhe gewöhnen müssen, bevor wir weiter hinauf konnten. Es wäre auch sicher unvernünftig weiterzugehen, solange die Hälfte unserer Mannschaft nicht essen mochte. Das letzte, das wir gebrauchen konnten, war, daß unsere Leute in 6000 Meter Höhe vor Entkräftung zusammenbrachen. Alles sprach dafür, daß es besser wäre, eine zweite Nacht in Kibo zu verbringen, und unseren Gipfelsturm erst in zwei Tagen zu unternehmen. Die Mädchen konnten sich am nächsten Tag ausruhen und versuchen, wieder Appetit zu bekommen, während Dick und ich die Räder zum Kraterrand brachten. Pete würde mit uns kommen, um Fotos zu machen. Wir würden am Abend wieder zur Kibo-Hütte zurückkehren. Das schien ein vernünftiger Plan zu sein.

Die Luft war nicht nur dünn, sondern auch voll Spannungen. Die Leute, die hier heraufkamen, hatten sich alle auf einen Kampf eingelassen. Manche gewannen – andere verloren. Nur ein kleiner Prozentsatz der Trecker kam überhaupt so weit. Noch weniger schafften es bis Gilman's Point, und davon wieder nur ein Bruchteil zum Uhuru Peak. Der Berg machte sie alle fertig, ob sie den Gipfel erreichten oder an der Kibo-Hütte umkehrten.

☆

Dicks Tagebuch, 30. Dezember 1984: Ich habe das Glück, in Michèles Zelt zu schlafen. Es steht auf einem flachen Hang. Wir liegen mit unseren Köpfen nach unten und den Beinen nach oben, damit das Blut besser im Kopf zirkulieren kann. Wahrscheinlich ist das nur eine verrückte Idee von uns, die kaum etwas bringen wird.

Das Schreiben wird immer anstrengender. Mein Kopf ist ein dumpfer Klumpen, voll Müdigkeit und Schmerzen. Ganz schön schwierig, in 4700 Meter Höhe zu denken. Meine Augen tun weh, und manchmal fürchte ich, das Bewußtsein zu verlieren. Mir ist, als hätte mir jemand Stricknadeln durch mein Gehirn gebohrt.

Gilman's Point

Keiner von uns hatte in der letzten Nacht gut geschlafen. In dieser Höhe vollzieht sich der Schlaf nach einem besonderen Muster. Von Müdigkeit übermannt schläft man – wie man glaubt – nur ein paar Minuten, dann wacht man mit starkem Herzklopfen und nach Luft ringend auf. Kerzengrade sitzend wartet man, bis Herz und Lunge wieder normal arbeiten, um sich, total erschöpft, wieder hinzulegen. Einschlafen – erneut mit rasendem Herz aufwachen . . . und so weiter, und so weiter. Das Problem dürfte darin liegen, daß die Lungen im tiefen, betäubungsähnlichen Schlaf die flache Atmung annehmen, die sie von der normalen Höhenlage gewohnt sind. In der dünnen Luft kommt es dann rasch zu einem Sauerstoffmangel, und es droht ein totaler Kreislaufkollaps.

Rund um die Kibo-Hütte war es schwierig, flachen Grund für die Zelte zu finden. Nach einigem Suchen entdeckte Pete über einem Lavafluß eine kleine Terrasse für unser Drei-Mann-Zelt.

Gleich am Zeltausgang fiel die Wand fünf Meter ab; wir mußten also bei irgendwelchen nächtlichen Exkursionen aufpassen. Es schien eine Ewigkeit zu dauern, bis endlich die Dämmerung anbrach. Beim ersten Morgenlicht war ich auf. Ich konnte mich nur langsam bewegen und versuchte das Atmen besser zu regulieren. Auf halbem Weg zu dem Hang, auf dem das andere Zelt stand, traf ich Dick. Auch er konnte es nicht erwarten loszugehen. Je früher wir starteten, desto früher würden wir zurück sein.

Es schienen Stunden zu vergehen, bevor wir alles organisiert hatten. Dick verhandelte mit Nicas und Simon. Maggie und Michèle hatten Trockenmilch angerührt und sie in eine Schüssel mit Müsli gegossen, das sich nach einigem Stehen in einen khakibraunen Matsch verwandelte. Pete wanderte über das Lavafeld, um Fotos vom Berg zu machen. Auf dem Boden lag ein riesiger Rucksack, vollgepackt mit Campingsachen. Wir hofften, daß Simon ihn für uns bis zum Kraterrand tragen würde. Dick und ich hatten unsere eigenen Rucksäcke und die Räder zu tragen. Kate lag noch im Zelt, sagte aber, daß sie sich besser fühle.
Die ersten Bergsteiger, die um ein Uhr morgens zum Gilman's Point aufgebrochen waren, kamen bereits wieder zurück. Nun trieb es sie in niedrigere und sauerstoffreichere Regionen.

☆

Dicks Tagebuch: Wieder gab es unerfreuliche Diskussionen mit den Trägern. Keiner von ihnen wollte den riesigen Rucksack weiter hinauftragen. Nicht zu normalen Bedingungen.

Sie verlangten 2000 bis 3000 Schilling. Dieser Forderung wollten wir uns nicht beugen. Wir suchten Simon, den stärksten und auch freundlichsten Mann der Welt.

Er zeigte uns wie immer ein breites, sonniges Lachen. Nach einem kurzen Gespräch mit ihm, war er bereit, uns für 300 Schilling – was einem vierfachen Tageslohn entsprach – zu helfen. Doch als er aus der Hütte der Träger heraustrat, zogen ihn die anderen auf. Er zögerte ein wenig, sah uns dann wie um Entschuldigung bittend an, und kehrte in die Hütte zurück. Die anderen hätten sich ihn bestimmt später vorgeknöpft, wenn er sich nicht ihren Forderungen angeschlossen hätte. Sie glaubten, das Monopol auf unser Gepäck zu haben. Der Tourismus hatte sie offensichtlich schon einiges gelehrt.

So nahm ich den kleinen Rucksack von meinem Rücken und hob an dessen Stelle den großen Rucksack auf, dann legte ich mir das Rad auf die Schultern und lächelte den Trägern freundlich zu. Nick, der seine persönlichen Sachen auf dem Rücken trug, band sich meinen kleinen Rucksack auf die Brust. Dann hob auch er sein Rad auf. Langsam entfernten wir uns von der Hütte, während uns ungläubige Augen nachblickten. Hinter uns herrschte absolute Stille.

Die schwere Last wurde zur Qual. Wir bewegten uns nur äußerst vorsichtig und überlegten jeden Schritt im voraus. Solange die Hütte in Sicht war, hielten wir nicht an. Wir wußten, daß wir beobachtet wurden, und die Träger nur darauf warteten, daß wir zusammenbrachen. Diese Zeilen schreibe ich in der ersten, nicht einsehbaren Mulde. Wir benötigten eine halbe Stunde bis hierher.

Nicas, der uns begleitete, bot uns an, für einen angemessenen Lohn und ein paar Schuhe, das wir ihm nach der Expedition zurücklassen sollten, tragen zu helfen. Noch eine Bedingung war damit verbunden: Wir dürften den Trägern nichts davon erzählen. Ich hoffe nur, daß keiner von ihnen diese Zeilen zu lesen bekommt.

☆

Um das Gesicht zu wahren, machten wir während der ersten halben Stunde keine Pause, blieben kein einziges Mal stehen, sondern schritten schweigsam vorwärts, ohne uns umzudrehen. Als wir die versteckt liegende Mulde erreichten, brach Dick in schallendes Gelächter aus. Auch Nicas erkannte die lustige Seite unserer Situation. Ich war derart zwischen den Rucksäcken und dem Rad eingeklemmt, daß mir die anderen helfen mußten, um freizukommen. Dann legte ich mich lächelnd in die warme Sonne, die meinen geschundenen Körper streichelte. Irgendwie machte die absurde Idee, die Räder auf den Vulkan zu schleppen, Spaß.

☆

Dicks Tagebuch, 13 Uhr, „Halfway Cave„ – Höhle auf halbem Weg: Wir plagten uns zur „Halfway Cave" hinauf, einer schattigen Felsnische, die auf halbem Weg zum Kraterrand liegt. Wir rasten 20 Minuten, um wieder zu Atem zu kommen. Der Hang ist durchgehend steil. Nicas zeigt auf eine markante Stelle in der Silhouette über uns: Gilman's Point. Ich glaube ihm nicht. Es scheint mir unmöglich zu sein, diese Stelle, die 450 Meter höher liegt, von hier aus sehen zu können.

Wir befinden uns über einem Meer von Wolken, das ganz Ostafrika zu bedecken scheint. Nur die schwarzen Felszacken des Mawenzi ragen heraus. Wir müssen mit ihnen nun auf gleicher Höhe sein. Nicas erzählt uns, daß sein Bruder, einer der besten Führer, bereits einmal oben am Mawenzi gewesen sei. Aber nur einmal. Die „einfache" Route würde durch ein 600 Meter tiefes Schneeloch führen. Er hätte dort das Fürchten gelernt. Ich frage mich, wie die „schwierigen" Routen beschaffen sein müssen.

☆

Nach „Halfway Cave" gab es keine Unterhaltung und keine Bewunderung der Aussicht mehr. Wir starrten nur noch verbissen auf den Weg vor unseren staubigen Schuhen. Unsere ganze Konzentration richtete sich auf die Zickzackroute. Erst auf das Ende des „Zick", dort gab es 60 Sekunden lang eine Verschnaufpause, dann ging es mit dumpfem Kopf zum Ende des „Zack". Wieder eine kurze Verschnaufpause . . . Der Kopf dröhnte, und die Lungen schmerzten, aber es war zu ertragen. Psychisch fühlte ich mich recht wohl. Alle kleinen Probleme der letzten Tage waren von mir abgefallen. Im Augenblick mußten wir uns nicht einmal darum Sorgen machen, vom Rad zu purzeln.

Wir gingen hintereinander, die Fußspuren des Vordermannes ausnützend. Hol bezeichnet dieses System als „Zug". Man spart viel Energie, wenn man exakt in die Abdrücke der Vorgänger tritt. Nur der Vordermann muß sich konzentrieren, derjenige, der folgt, kann vor sich hin dösen. Dieses System funktioniert bei allen Gruppen von zwei Personen aufwärts. Nachzufolgen war einfach. Sah ich, daß Dicks Fuß abrutschte, konnte ich meinen Tritt korrigieren und denselben Fehler vermeiden. Natürlich wechselten wir uns mit dem Gehen an der Spitze ab. Nur Pete kam hinter uns nach und fotografierte unsere Rücken.

Als wir dem Kraterrand immer näher kamen, wurde der Hang noch steiler. Wir mußten während dieser Kletterei die Räder gut ausbalancieren. Jetzt wurde es wirklich anstrengend. Wir waren auf über 5500 Meter Höhe. In meinem Kopf hämmerte es wie verrückt, Rücken und Beine schmerzten. Wir hatten die Schneebrillen auf, um unsere Augen vor der Sonne zu schützen, aber auch diese schienen das grelle, gleißende Licht durchzulassen. An manchen Stellen versuchte ich daher mit geschlossenen Augen zu gehen.

☆

Dicks Tagebuch, 16 Uhr 30, Kraterrand, direkt unterhalb von Gilman's Point: Jede Minute war die Anstrengung wert. Die kleine Stelle, auf die Nicas vorhin hingewiesen hat, ist wirklich Gilman's Point. Sechs Stunden Marsch bis hierher. Da wir die Räder bereits bis hierher gebracht haben, können wir an die morgige, restliche Etappe mit gutem Gefühl denken. Die weitere Route am Kraterrand entlang sieht vielversprechend aus – gezackt, aber es scheint einen Weg zu geben! Vor dem Gipfelplateau liegt ein ausgedehnter Schneehang, der mit den Rädern zu befahren sein müßte.

Die Sicht ist überwältigend und der Wind nicht stark. Die Hände sind kalt, die Zehen taub. Das Ende von Nicks Nase leuchtet rosafarben. Nicas drängt zur Rückkehr. Ja, wir sollten gehen, um noch genügend Ruhe für den morgigen, anstrengenden Tag zu bekommen.

☆

Dick hob sein Rad über einen Felsblock und verbarg es in einer Spalte. Ich legte meines darüber und hoffte, daß ihnen über Nacht nichts geschehen würde. Als ich um mich blickte, fragte ich mich, warum hier jemand ein Fahrrad klauen sollte. Doch die Diebstahlsneurose aus London war nicht so leicht abzulegen. Ich fühlte mich zu müde, um die Aussicht zu bewundern, und entschied mich, den Begeisterungsausbruch für morgen aufzuheben. Wir beschwerten den Expeditionssack mit einem schweren Felsbrokken und rutschten dann die Geröllhalde hinab. Noch vor Sonnenuntergang erreichten wir die Kibo-Hütte.

☆

Dicks Tagebuch, 20 Uhr, Kibo-Hütte: Die Tagesarbeit ist getan. Nicht besonders Aufregendes. Nur Schlepperei – kein Fahren. Doch zumindest liegen die Räder jetzt bereit für das morgige Finale. Jeder von uns ist optimistisch. Michèle und Maggie haben heute eine kurze Wanderung unternommen. Kate sieht besser aus. Sie bastelt sogar eine Blume aus Abfallpapier, um den Tisch zu dekorieren. Pete hat seine ganze Kameraausrüstung den Berg hinauf- und wieder herabgeschleppt. Verrückter Kerl. Außer uns sind alle schon zu Bett gegangen, um für den Mitternachtsmarsch fit zu sein. Michèle teilte uns mit, daß eine Bergsteigergruppe eine Spende für I. T. hinterlegt hatte. Das ist wahrscheinlich die „höchste" karitative Zuwendung der Welt.

Wir stellen die Ausrüstung für morgen zusammen: Zelt,

Notausrüstung, Seil und Eispickel liegen bereits oben am Kraterrand. Nun sortierten wir noch Taschenlampen, einen Campingkocher, eine Pfanne, zwei Löffel, Schlafsäcke und kleine Dinge wie Feuerzeuge, Taschenmesser und einen Kompaß. Wir mußten noch zwei weitere Taschenlampen haben. Ich werde versuchen, welche von Nicas oder anderen Bergsteigern zu kaufen.

Ich habe eine kleine Tasche mit Medikamenten und Verbandszeug zusammengepackt. Starke Medikamente wie Lasix gegen Lungenödem oder Mittel gegen Ruhr können hier bleiben. Es kann gefährlich sein, sie mit hinaufzunehmen, da wahrscheinlich keiner von uns in dieser Höhe eine klare Entscheidung über deren richtige Verwendung treffen wird. Sollten sich bei einem von uns ernsthafte Anzeichen von Höhenkrankheit einstellen, würden wir sofort zur Kibo-Hütte zurückkehren und hier eine sichere und konzentriertere Wahl über die Medikamenteneinnahme treffen beziehungsweise uns entschließen, tiefer abzusteigen.

Die Einnahme von Diamox scheint sich bewährt zu haben. Ich habe das Gefühl, daß ich mich damit schneller an die Höhenluft gewöhnt habe als die Male zuvor. Es bringt Finger und Zehen zum Prickeln, als würde das Blut sich verdünnen und die Venen und Adern sich ausdehnen und den Blutstrom schneller transportieren. Ich denke, es ist ein Mittel, das den Akklimatisationsprozeß grundlegend erleichtert, während Kopfschmerzmittel nur die Symptome unterdrücken. Ich darf nicht vergessen, mich bei Dr. Townend zu bedanken.

☆

Während Dick mit Pillen und Mittelchen herumspielte und jeden fragte, wie lang eine elastische Binde sein müßte, um ein gebrochenes Bein zusammenzuhalten, begann ich den Rest der Hütte mit kleinen Haufen von Kleidern, Nahrungsmitteln und Campingausrüstung zu füllen. Die chaotische Szene erreichte ihren Höhepunkt um 21 Uhr 30, als alle einstimmig und erschöpft zu

Steile Schneewächten zwangen uns, von den Rädern abzusteigen

Der letzte lange Anstieg zum höchsten Punkt, dem Uhuru Peak. Unten: Der Schnee auf dem Uhuru Peak ist hart und eignet sich hervorragend für schnelles und aufregendes Fahren. Rechts: Kopfschmerzen durch die extreme Höhe und die gleißende Helle des Schnees plagten uns die ganze Zeit

Fahrradfahren hoch über den Wolken unter einem strahlend blauen Himmel: ein traumhaftes Erlebnis. Unten: Am Silvestertag am höchsten Punkt Afrikas: 5895 Meter ü. d. M.

Das Team (v.l.n.r.) Pete, Kate, Michèle, Maggie, Nick und Dick. Unten: Unser Zelt bei Gilman's Point im ersten Morgenlicht des Neujahrstages 1985

Vor dem Abstieg noch ein letzter Blick auf den Uhuru Peak. Unten: Am Kibo-Geröllhang bei Einbruch der Dunkelheit

Und wieder einmal geht einer von uns zu Boden. Unten: Glücklicher Abschluß beim Marangu Gate (v.l.) Nick, unser Führer Nicas, Dick und Simon, der freundlichste und kräftigste Träger vom Kilimandscharo. Nächste Seite: Eine windbetriebene Wasserpumpe dieser Art wird in Wajir, Kenia, errichtet werden

DANGER
HATARI

dem Entschluß kamen, den Rest morgen „früh" fertigzupacken. Nachdem wir spätestens um 3 Uhr losgehen wollten, bedeutete das, daß wir um Mitternacht aufstehen müßten. Gerade noch Zeit, um zwei Stunden zu schlafen.

Mit steifen Muskeln kletterte ich über das Geröll zum Zelt. An einem Felsband hielt ich an und sah hinauf zum Kibo, der vom Mondlicht hell bestrahlt wurde. Seine Hänge sahen extrem steil aus. Dort oben, irgendwo über dem Eisfeld, mußte der Uhuru Peak sein.

Für uns würde der morgige Tag der eigentliche Prüfstein, der Höhepunkt aller Mühen und Strapazen, sein. Wir durften uns keinen Fehler erlauben. Ich drehte mich um und spürte plötzlich die Kälte.

Schnee im heißen Herzen Afrikas

Eine halbe Stunde nach Mitternacht läutete der Wecker. Es dauerte eine Weile, bis ich mich erinnerte, wo ich war. Meine Nervenstränge fühlten sich an, als wären sie in einem Mixer pulverisiert worden. Die Aussicht, die gemütliche Geborgenheit meines Schlafsacks verlassen zu müssen, war erschreckend. Es war pechschwarz und die Außentemperatur unter dem Gefrierpunkt. In meinem Kopf herrschte ein dumpfer Druck. Ich mußte erst einige Male blinzeln, bevor es mir gelang, die müden Augen offenzuhalten. Ich hatte das Gefühl, noch vierundzwanzig Stunden schlafen zu können. In solchen Momenten fragte ich mich: „Warum das alles? Warum könnten wir nicht Briefmarken sammeln?"

Um solch grausame Minuten wie diese zu überwinden, hatte ich seit Jahren eine besondere Technik entwickelt: Ich versuchte nicht zu denken. Um die negativen Gedanken aus meinem schmerzenden Gehirn zu verjagen, begann ich die ersten Takte der „1812 Ouvertüre" durch gespitzte Lippen zu pfeifen und sprang dann mit einem Satz aus dem muffig riechenden Schlafsack. Erfrischende Kühle umfing mich. Ich saugte die köstliche, reine Bergluft ein – was in einem heftigen, trockenen Husten endete. Sofort kroch ich in den warmen Schlafsack zurück und rührte mich nicht, tat so, als wäre nichts geschehen. Einige Sekunden lang umfing mich von neuem köstlicher Schlaf.

Schottersteine knirschten vor dem Zelt. Welch trübseliges Schicksal – es war Dick! Augenblicklich war ich wieder auf und angezogen – das war nicht schwierig, nachdem ich in den Kleidern geschlafen hatte –, bevor Dick den Reißverschluß des Zeltes auch nur halb geöffnet hatte. Er trug die Lampe an der Stirn. Als ich meinen Kopf hinausstreckte, traf der Lichtstrahl voll und direkt meine Netzhaut. Welch eine angenehme Art aufzuwachen!

„Guten Morgen, Richard." Ich versuchte meiner Stimme einen freundlichen Ton zu geben. „Wie wär's, wenn du dieses Ding in eine andere Richtung drehen würdest?"

„Ja, seid ihr denn noch nicht auf?" In seiner Stimme lag die Bestürzung von jemandem, der genauso verschlafen hatte.

„Doch, doch – wir sind schon alle auf hier", sagte ich und stupste mit meinen Füßen meine Zeltgenossen.

Ich drängte mich hinaus in die Nacht. „Wieviel Uhr?"

„Eins. Wir sollten möglichst bald aufbrechen."

„Ja, ja, wir sind ja schon dabei, unser Zeug zusammenzupacken!" Und unbarmherzig begann ich das Zelt abzubrechen, bevor die anderen noch heraus waren. Wir würden dieses große Zelt auch mitnehmen. Um 3 Uhr waren wir endlich abmarschbereit. Mit Nicas an der Spitze begannen wir den uns nun schon vertrauten Weg zu Gilman's Point hinaufzusteigen.

☆

Dick: Schweigend stapften wir, einer hinter dem anderen, bergauf. Unsere Köpfe waren dabei so tief gesenkt, als würden wir uns vor den Berggöttern in Demut beugen. Nur unser Führer war ganz wach und nahm alles wahr. Wir anderen folgten wie hypnotisiert, Nicas total vertrauend. Brav setzten wir einen Fuß vor den anderen. Jeder war in seine eigene kleine Welt wie eingesponnen. Die Dunkelheit und die vollkommene Windstille verstärkten noch das Gefühl der Isolation. Ich zog meine Mütze tiefer. Alles was ich sehen konnte, waren die Steine vor meinen Schuhen.

Für eine Weile wanderten meine Gedanken zu den Problemen der dritten Welt. Diese Leute schuften Tag für Tag, hoffen auf ein Licht am Ende des Tunnels. Ihre Arbeit ist hart: die Erde pflügen, die Felder bestellen, für Bewässerung sorgen, Ziegen hüten, fischen oder Stoffe weben. Und das sind noch die Glücklichen, sie haben Arbeit, haben eine Aussicht – aber lebenwerte Zukunft? Sie sind gefangen im Strudel der Armut. Alles, was sie brauchen, ist ein bißchen Werkzeug, etwas Ausrüstung. Sie haben den Willen und die Muskeln zum Arbeiten.

Nicas, Simon und Solomon sind durch ihre Tätigkeit für die Touristen relativ gut dran. Sie haben Glück gehabt.

Wir gingen eine Stunde, zwei Stunden, wir machten nur kurze Schritte. Maggie fror. Kate hielt sich gut. Michèle und Nicas schienen sich über etwas zu unterhalten. Nick und Pete waren zur Abwechslung einmal still. Sie schritten regelmäßig und kräftig aus. Trotz der Anstrengung vom Tag zuvor zeigten sie kaum Müdigkeit.

Wir benutzten unsere Lampen, um einigermaßen gut über das Geröllfeld zu kommen. Es war bitterkalt, und die Temperatur sank, je höher wir stiegen. Dicks Thermometer zeigte minus zehn Grad Celsius. Wir rasteten jede halbe Stunde etwa zehn Minuten. Nachdem wir „Halfway Cave“ passiert hatten, begann sich der

Himmel im Osten aufzuhellen. Erst war es nur ein schwacher Schimmer, dann ein orangefarbenes Glühen, das sich über den ganzen Horizont ausbreitete. Es war, als würde die ferne Ebene in Flammen aufgehen. Über dem Mawenzi hingen ein paar Wolken, die sich mit der aufgehenden Sonne verflüchtigten.

Die letzten hundert Meter erlebten wir wie in Agonie. Jeder Schritt war die reinste Folter. Wir zogen uns mit den Händen an den Felsen hoch, die Füße rutschten immer wieder ab. Flüche wurden gemurmelt. Als die Sonne schließlich über dem Mawenzi explodierte, machte uns das unwillkommene Licht zusätzlich zu schaffen. In der Dunkelheit hatten wir wenigstens für uns allein und ungesehen leiden können.

Der eisige Berg unter unseren Füßen reflektierte das warme Rot und verstärkte den Widerspruch, in dem wir uns befanden: ein schneebedeckter Vulkan im heißen Herzen Afrikas! Und die ständige Qual des Durstes inmitten all des gefrorenen Wassers!

„Ganz schön teuflisch!" hörte ich Dick vor sich hin murmeln.

Den Kraterrand des Kilimandscharo zu erreichen ist vergleichbar mit dem Erklettern des äußeren Randes einer Teetasse: Am Ende des langen glatten Abhanges geht es auf der anderen Seite, nur ein paar Fußbreit entfernt, wieder steil abwärts, und direkt vor einem öffnet sich das riesige Kraterloch.

Es war sechs Uhr morgens, als wir über diesen Rand blickten. Der Krater leuchtete in der Morgensonne orangefarben, und an einer Seite ragten terrassenförmige Eisfelder in den Himmel. Wir hatten eine Höhe von 5685 Metern erreicht. So hoch war ich noch nie zuvor gewesen. Nicas wünschte uns alles Gute, schüttelte uns die Hände und machte sich wieder auf den Rückweg zur Kibo-Hütte.

☆

Dick: Wir nahmen unsere Rucksäcke ab und kletterten über die Felsen zur der Spalte, in der unsere geliebten Räder lagen.

„Hier sind sie!" rief Nick. „Sieh doch nur, welch ein Glanz!"

Ein Radkranz und ein glitzerndes Bremskabel kamen zwischen Fels und Schnee zum Vorschein. Mein Herz tat einen Freudensprung. Wir hatten sie wieder. Wir benahmen uns wie Verliebte. Die Räder waren mit einer dünnen Eisschicht überzogen, aber sonst hatten sie die Trennung von uns gut überstanden. Die Reifen waren noch immer hart; wahrscheinlich lag der Druck in dieser dünnen Luft leicht über 2,8 bar. Nick hatte in der Kibo-Hütte gemeint: „Unsere Gewohnheit, die Luft in den Reifen dem jeweiligen Terrain anzupassen, können wir da oben vergessen. Dort geht es ums Überleben. Da wir unsere ganze Energie benötigen, um überhaupt auf den Gipfel zu kommen, können wir nicht ständig anhalten, um auf Eis Luft rauszulassen oder bei Schnee Luft reinzupumpen. Wir werden unsere ganze Kraft und unseren Verstand dafür einsetzen müssen, den Uhuru Peak zu erklimmen."

☆

Während Dick an den Rädern herumhantierte, kümmerte ich mich um die Notausrüstung. Jeder von uns würde seine eigenen Sachen mit sich tragen, um im Notfall sich selbst helfen zu können. Unsere Bekleidung bestand aus Schuhen mit Spezialsohlen, die gut auf Eis und Fels greifen, langen Wollsocken, warmen Unterhosen und Thermo-Hosen. Da ich einen Rekord im Hinfallen aufzustellen schien, trug ich auch noch Gamaschen, um den Schnee besser abzuhalten. Unsere Oberkörper hatten wir in Thermo-Westen, I. T.-T-Shirts und Daunenjacken gehüllt. Ich hatte noch eine wollene Jacke von meiner Schwester Fiona untergezogen, aber Dick verzichtete auf eine weitere warme Kleiderschicht, da er damit rechnete, daß ihm durch das Radfahren warm genug werden würde.

Jeder unserer Rucksäcke enthielt einen Biwaksack, Überhosen, Socken und Handschuhe, T-Shirts, Daunenjacke, Mütze, Kompaß, Taschenlampe und Proviant. Außerdem hatten wir auf die Rucksäcke noch Eispickel und Steigeisen geschnallt. Auch ein Kletterseil und einen zusätzlichen Schlafsack hatten wir bei uns. Es schien, daß wir für jede Notlage gerüstet waren. Sollte die Route zum Gipfel eisig sein, könnten wir uns und die Räder mit den Seilen an Felsblöcken sichern oder die Eispickel einsetzen. Wir hatten jedenfalls genug Kleidung bei uns, um eine Nacht im Freien zu überstehen, wenn wir uns ein schützendes Schneeloch graben konnten.

☆

Dick: Es dauerte eine halbe Stunde, bis wir die Räder und die Ausrüstung in Ordnung hatten. Von Gilman's Point aus konnten wir eine lange Strecke des vor uns liegenden Weges einsehen. Gezackt, schmal und schneebedeckt führte der Weg am Kraterrand entlang zu Schneewällen und weiter zu den beeindruckenden Felsen des Uhuru. Was wir nicht sehen konnten, waren die versteckten Gefahren: Schneewächten, loses Gestein, Eisspalten – und natürlich auch unsere eigene Torheit.

Die anderen waren bereits weitergegangen. Die Mädchen befürchteten, daß sie zu langsam wären und uns aufhalten könnten, daher waren sie etwas früher als wir gestartet. Für Pete würde es sehr anstrengend werden, ständig um uns herum zu sein, um uns zu fotografieren. Es war beinahe neun Uhr, als wir die letzte Etappe in Angriff nahmen.

Endspurt

Dick: In Vorfreude auf das vor uns liegende Erlebnis griff ich nach der Lenkstange und dem Ledersattel. Der Weg würde zweifellos lang und hart werden. Aber all die Mühe wird uns zugleich

Belohnung sein. Um zum höchsten Gipfel Afrikas zu gelangen, mußten wir noch drei Kilometer am Kraterrand entlangfahren und 300 Meter Höhenunterschied überwinden. Ich zog das Fahrrad heran und drückte meinen Rücken durch. Die Lenkstange sah kalt und abwehrend aus, bereit für einen Kampf. Meine Beine fuhlten sich schon jetzt schwach. Ich schnürte die Taille der Daunenjacke enger und steckte die Hände in die Handschuhe. Ein kalter Schauer lief über den Rücken.

Nick stieg bereits auf sein Rad. Ich hob meines auf, schüttelte den Schnee ab und rückte den Rucksack in eine bequeme Position, bevor ich mein Bein über den Sattel hob. Als ich wieder aufblickte, sah ich Nick am Boden. Sein Rad war abgerutscht. Er machte eine Rolle, setzte sich auf und brach in lautes Gelächter aus.

☆

Das Wetter war perfekt: blauer Himmel und kein Anzeichen von Wolken oder Wind. Mit leichtem Herzen begannen wir auf dem schneebedeckten Grat loszufahren. Unter uns lag der Kraterboden, aus dem dunkle Erhebungen aufragten. Der Grat selbst verlief wellenförmig. Anfangs war er von Felskanten gesäumt. Dahinter konnten wir die sichelförmig gebogene dunkle Vulkanwand sehen, die sich zum Gipfelpunkt des Uhuru hinzog. Über ihren gezackten Rand hingen riesige Eismassen. Wir mußten achtgeben, daß wir nicht mit den Rädern zu weit nach rechts kamen.

☆

Dick: Ich verspürte Kopfschmerzen. Sie waren noch leicht, aber stark genug, um mich zu berunruhigen, sobald wir verschnauften. Wir hatten die Sättel auf die niedrigste Höhe eingestellt, um unsere Beine leichter abstützen zu können, sollten die Räder ins Schleudern geraten. Der Pfad ging etwas abwärts, und Nicks Rad bekam eine alarmierende Geschwindigkeit. Fröhlich grinsend folgte ich ihm. Nick kam nicht weit: Der Weg stieg wieder an, und da er die Steigung falsch eingeschätzt hatte, war er in eine tiefe, weiche Schneewächte gefahren. Ich sauste an ihm vorüber, kam aber auch nicht viel weiter als er. Als ich über eine leichte Bodenwelle schlitterte, zog ich die Bremsen so fest an, daß beide Räder blockierten. Elegant rutschte ich über das Eis, bevor das Rad sanft umkippte und mich in den Schnee warf. Es war ein reines Vergnügen und harmlos bisher – aber energieraubend. In fünfzehn Minuten hatten wir nur zwanzig Meter geschafft, und nun lagen wir bereits nach Luft schnappend da. Wir entschlossen uns, die Räder über diesen unebenen Kamm zu tragen, bis wir wieder auf weichen Schneeboden kamen.

☆

Unsere gute Laune änderte sich. Die anfängliche Euphorie war gewichen. In dieser Höhe war das Fahren eine wahre Schinderei, dauernd fielen wir vom Rad. Der Weg wand sich innerhalb des Kraters am Rand entlang. Ich spürte ein prickelndes Gefühl im Magen. Das war kein ausgetretener Pfad, da nur wenige Leute von Gilman's Point zum Gipfel gehen. Doch die Fußspuren vor uns waren zum Glück so fest, daß wir mit unseren Rädern einigermaßen vorankamen.

Wir hatten wirklich Glück mit dem Wetter. Wind und Wolken hätten den Übergang schwierig gemacht. Glücklicherweise war auch der Schnee recht frisch und tief, so daß wir darin versanken, wenn wir fielen. Wäre der Weg vereist gewesen, hätten wir die Seile benutzen müssen, da ein Ausrutscher uns in den Krater hätte hinunterbefördern können. An manchen Stellen ging es neben unseren Rädern fast senkrecht in die Tiefe.

☆

Dick: Zwei Schweizer Bergsteiger kamen uns vom Gipfel entgegen. Sie stützten sich schwer auf ihre Eispickel. Sie machten einen sehr erschöpften Eindruck und nahmen uns kaum zur Kenntnis. Langsam aber stetig bewegten wir uns vorwärts. Viele Bergsteiger machen in solcher Höhe acht bis zehn Schritte, rasten, machen wieder acht bis zehn Schritte und so weiter. Ihr Rhythmus ist: Erschöpfung und Erholung. Wir sind jedoch überzeugt, daß wir am Ende schneller vorankommen, wenn wir uns kontinuierlich langsam voranbewegten. Nach etwa 150 Metern erreichten wir eine ebenere Fläche. Wir stellten die Räder wieder auf den Boden und stiegen auf. Die stark profilierten, breiten Reifen, die sich bereits 3000 Meter tiefer auf schlammigem Terrain bewährt hatten, griffen auch zuverlässig in die feste Schneekruste. Wir fuhren langsam und rollten teilweise mit angezogenen Bremsen in Fußgängergeschwindigkeit den Pfad entlang, der jetzt wieder abwärts führte.

Nick versuchte den steilen Gegenhang hinaufzufahren. Seine Pedale drehten sich wie verrückt. Er schaffte nur eine kurze Distanz, dann kam das Rad zum Stehen. Ich konnte nicht widerstehen, wollte es ebenfalls mit dem Hang aufnehmen und fuhr wild darauf zu. Ich hatte das Gefühl, gegen eine Ziegelwand zu prallen. Ich rang nach Luft, in meinen Muskeln stach es wie bei einem Nesselausschlag, und mein Kopf dröhnte. Ich zerrte an der Lenkstange und zog sie neben Nicks Hinterrad, dann sank ich auf den Sattel zurück, stemmte die Füße auf den Boden und beugte mich weit vor, um Luft zu holen.

„Teuflische Art, sich fit zu halten!“ meinte Nick nach einiger Zeit.

☆

Wir versuchten, so viel wie möglich auf unseren Rädern zu fahren. Vermutlich war unser Fanatismus teilweise purer Wahnsinn. Selbst wenn wir nur die Chance sahen, mit den Pedalen drei Umdrehungen zu machen, stiegen wir auf, setzten die Pedale in Schwung, bis wir gleich darauf wieder am Boden lagen. Vielleicht machten wir das auch nur, damit wir – wenn wir im Schnee lagen – uns für einige Minuten ausruhen konnten. Wir lagen dann mit geschlossenen Augen da, vergaßen Räder, Kälte, Kopfschmerzen und Übelkeit.

☆

Dick: Unsere kurzen Kraftproben entlang des Kraterrandes endeten normalerweise im aufwirbelnden Schnee, aus dem dann zwei leuchtend blaue Daunenjacken hervorlugten und eine Weile später zwei müde lächelnde Gesichter auftauchten. Niemals zuvor war jemand mit Fahrrädern auf dieser Höhe und in solchem Gelände gewesen. Wir wußten, daß wir mit unseren Erfahrungen anderen Mountain-Bike-Fans nützlich sein konnten. Aber wir fragten uns allmählich, was ein derart schwieriges und gefährliches Unternehmen eigentlich so attraktiv machte. Fordern wir die Gefahr heraus, um eigene Leistungsgrenzen zu erkennen? An manchen Stellen fielen die Schneehänge rechts von uns mehrere hundert Meter ab. Die Lufttemperatur war etwas gestiegen. Wir hatten nun minus zehn Grad, doch an exponierten Stellen war es wesentlich kälter.

☆

Der Weg schlängelte sich aufwärts zur höchsten Stelle des Kraterrands. Langsam kämpften wir uns auf eine Höhe von 5800 Meter hoch. Das Felsgestein, das ab und zu durch die weiße Decke zum Vorschein gekommen war, wurde seltener. Dieser Teil des Berges ist total von Gletschern und Schnee bedeckt. Das reflektierende, grelle Licht wurde intensiver. Selbst hinter den dunklen Schneebrillen verwandelten sich unsere Augen in schmale Schlitze.

Ich wagte es nicht, nach vorn zu schauen, da ich wußte, daß die Strecke, die noch vor uns lag, mich nur entmutigen würde. Jeder Meter mußte mit riesiger Anstrengung überwunden werden. Wir kamen wieder an ein flaches Stück, das man unter normalen Umständen einfach entlanggeflitzt wäre. Aber hier oben war bereits das Aufsteigen mit schmerzhaftem Keuchen verbunden.

Meine Geschwindigkeit lag unter dem Tempo eines Fußgängers. Ich konnte mich auch nicht mehr richtig konzentrieren. Das Vorderrad kam vom Kurs ab, versank vollkommen im Schnee, und ich flog über die Lenkstange. Es mußte eine Ewigkeit vergangen sein, bis ich mich wieder aus der Schneewehe befreit hatte. Es gab einfach zu vieles, auf das man sich konzentrieren mußte. Man mußte sich daran erinnern zu atmen, die Pedale zu treten, das Rad im Gleichgewicht zu halten, es zu steuern und auf den Weg zu achten. Ich konnte mich nur auf einen dieser Punkte auf einmal konzentrieren, aber nicht auf alle zusammen. Entweder es gelang mir, das Rad erfolgreich zu manövrieren, dann meldete sich die Lunge wegen des massiven Sauerstoffmangels, weil ich vergessen hatte, richtig Luft zu holen. Oder ich war so mit dem Einatmen beschäftigt, daß ich vergaß, in einer Kurve das Lenkrad einzuschlagen. Zweimal passierte es mir, daß ich von einer Seite auf das Rad stieg und auf der anderen Seite hinunterfiel, noch bevor ich die Pedale bewegen konnte. Vor mir kroch Dick am Boden und bemühte sich, sein Bein, das unter dem Rad lag, hervorzuziehen.

☆

Dick: Immer stärker begann ich die Höhe zu fühlen. Mit den kurzen Atemzügen konnte ich noch fertig werden, aber die Kopfschmerzen waren unbarmherzig. Ich bewegte mich müde und lethargisch und mußte mich immer wieder daran erinnern, was eigentlich mein Ziel war. Es konnte nur noch eine Stunde bis dorthin sein. Vor uns sahen wir eine sanfte, runde Schneekuppe. Auf der linken Seite ging es über 50 Meter abwärts zu den Eisterrassen neben dem Südgletscher. Und rechts von uns ging es hinunter zum Kraterboden. Unser Weg lag in der Mitte, in sicherer Entfernung von den fürchterlichen Steilhängen. Von weitem hatte diese Strecke, auf der wir uns befanden, befahrbar ausgesehen, aber nun stellte es sich heraus, daß sie selbst zu Fuß nur mühsam zu bewältigen war. Wir schulterten die Räder. Vor uns lag der letzte Anstieg.

☆

Wieder nutzten wir, hintereinander aufsteigend, die Fußspuren des Vordermannes aus. Direkt über uns mußte sich der Uhuru Peak befinden. Der verzweifelte Ehrgeiz, der mich weiter unten vorwärtsgetrieben hatte, verwandelte sich immer mehr in den Wunsch, einfach anzukommen. Je höher wir gestiegen waren, desto simpler war uns unser Leben vorgekommen. Alles war uns in einer anderen Perspektive erschienen, und das tägliche Einerlei war in weiter Ferne versunken.

☆

Dick: Auf dem letzten Abschnitt, mit gesenktem Kopf mühsam nach Luft ringend, wurde mir auf einmal bewußt, wie nahe wir dem Gipfel waren. Das Ziel, das wir die letzten paar Monate ununterbrochen vor Augen gehabt hatten, war zum Greifen nahe. Meine Stimmung hob sich, und ich nahm plötzlich die Gletscher rund um mich und den strahlend blauen Himmel wahr. Auch Nick schien von diesem Gefühl erfüllt zu sein. Wir begannen uns aufzuziehen, vergaßen die Qualen, die noch nicht zu Ende waren, und wälzten schon wieder abenteuerliche Pläne für die Zukunft.

„Was könnten wir als nächstes tun, wenn wir diesen Gipfel erreicht haben?"

„Das weiß der Himmel. Vielleicht sollten wir mit dem Rad auf den Mt. Everest fahren oder von Alaska nach Feuerland radeln."

„Über den Atlantik schwimmen? Auf die Berliner Mauer steigen?"

„Na, laß uns erst einmal hier raufkommen."

Wir erreichten ein Stück, auf dem wir wieder unsere Räder benutzen konnten. Noch vor 15 Minuten hätten wir es kaum noch geschafft, aufzusteigen. Doch jetzt waren wir so aufgedreht, daß wir kräftig die Pedale bearbeiteten. Vor uns ragte ein schwarzer, rauher Fels aus dem Schnee. Eine Stimme rief: „Hallo, hallo", und eine andere: „Es ist wirklich Zeit, daß ihr kommt!"

Michèle, Maggie und Kate erwarteten uns. Die Mädchen waren schon seit eineinhalb Stunden da und hatten in dieser schrecklichen Kälte geduldig auf uns gewartet, obwohl sie wegen der Höhenkrankheit unter rasenden Kopfschmerzen litten. Das waren eben echte Bergkameraden.

Unsere Kopfschmerzen waren verflogen. Die Hochstimmung, in der wir uns plötzlich befanden, hatte jeden Schmerz verbannt.

☆

Dick und ich wollten verständlicherweise das allerletzte Stück zum Gipfel mit dem Rad zurücklegen. Ohne ein Wort zu sagen, griffen wir nach den Lenkstangen. Vor uns lag der sanfte Rücken des Gipfels. Der Schnee war hart und griffig. Jede Müdigkeit war verschwunden, langsam und stetig näherten wir uns dem Uhuru.

Auf dem Gipfel

Dick: Der letzte Tag des Jahres 1984. Wir hatten es geschafft! Wir standen auf dem höchsten Gipfel Afrikas, 5895 Meter über dem Meeresspiegel! Wir alle waren aufgeregt und lachten uns gegenseitig an. In übermütiger Siegerstimmung schwangen Nick und ich die Räder hoch über unseren Köpfen.

☆

Während Dick über den Krater starrte, versuchte ich den Augenblick voll in mich aufzunehmen. Wir hatten uns so daran gewöhnt, die Räder bei uns zu haben, daß sie uns hier am schneebedeckten Gipfel, auf einem der höchsten Vulkane der Welt, gar nicht fehl am Platze erschienen. Trotzdem war es eine bizarre Situation. Wahrscheinlich sogar ein besonderer Augenblick in der Weltgeschichte. Es könnte schon eine Weile dauern, bis jemand anderer etwas derartig Dummes vollbringt.

☆

Dick: Nick sprang wieder auf das Rad, um auf dem Gipfel Runden zu drehen. Der Kilimandscharo ist nur zwei Meter niedriger als der Cotopaxi. Ich dachte, wenn ich auf Nicks Schultern klettern würde, könnte meine Nase die Höhe erreichen, die meine Achselhöhe am Cotopaxi erreicht hatte. Vielleicht ließ Nick mich sogar von seinen Schultern hochspringen, dann könnte ich mit meinem Kopf die gleiche Höhe schaffen. Aber leider war Nick zu diesem Zeitpunkt nicht nach Akrobatik zumute. Nach Hols Berechnung entsprach der Energieverlust, den das Mittragen unseres Teddybär-Maskottchens verursacht hatte, genau zwei zusätzlichen Höhenmetern!

Wir öffneten ein Päckchen mit Biskuits, um die Gipfeleroberung gebührend zu feiern. Leider stand es mit unserem Geschmacksinn hier oben nicht zum besten, aber wir verspeisten die Biskuits würdevoll. Dazu tranken wir Wasser und brachten einen Toast auf Steve Bonnist und *Intermediate Technology* aus.

Daß wir mit unseren Rädern fast 6000 Meter hoch gekommen waren, konnte ich gar nicht richtig erfassen. Mir war in diesem Augenblick auch noch nicht so recht bewußt, was das Ganze eigentlich für uns oder für andere bedeutete. Was ich im Augenblick begriff, war, daß das Jahr mit diesem Ereignis einen großartigen, unvergeßlichen Abschluß fand und daß dieses Ereignis vielleicht Eingang in Geschichten finden würde, die man sich später erzählen würde: Geschichten über zwei Männer, zwei Fahrräder und einen majestätischen Berg.

Pete sprang um uns herum und fotografierte. Auch die Damen holten diverse Kameras heraus und machten Aufnahmen. Wir alle hielten uns, breit grinsend, in den Armen. Diese Bilder würden für unsere Nachkommenschaft in Familienalben erhalten bleiben.

Der Wind blies ziemlich stark auf dem Gipfel, aber der Enthusiasmus ließ die Kälte vergessen. Ich nahm sogar die Mütze ab, zog die Handschuhe aus und öffnete die Jacke, damit das I. T.-Emblem auf den Fotos festgehalten werden konnte.

Wir tranken das restliche Wasser und hätten mehr gebraucht, um den Schweißverlust auszugleichen. Aber wir waren so beschäftigt, daß wir keine Zeit fanden, Schnee zu schmelzen. Von dem Gipfel glaubten wir über ganz Afrika blicken zu können. Dort mußte Nairobi liegen und da das Haus von Schwester Barbara. Und dort mußten sich die Wildparks befinden, mit Tieren und Touristen. Und dort, irgendwo unter dem blauen Himmel, mußte Wajir liegen. Ja, wir dachten in diesem Augenblick natürlich auch an diesen einsamen Wüstenort. Würde es uns gelingen, eine Windpumpe für seine Bewohner zu beschaffen? Nachdenklich standen wir da zwischen Eis und Schnee im beißenden Wind, der von den Gletschern kam. Unter uns begannen sich Wolken zusammenzubrauen.

☆

Wir waren bereits seit einer Stunde auf dem Uhuru. Nachdem Dick glücklicherweise nicht mit einem seiner furchtbaren Vorschläge gekommen war – z. B. aus experimentellen Gründen die Nacht in einem Schneeloch auf dem Gipfel zu verbringen –, war ich dafür, daß wir bald in eine sichere Zone absteigen sollten. Aufmerksam hatten wir die Wetterveränderungen im Auge behalten. Bedrohliche Wolken hatten sich bereits rund um die Mawenzi-Spitzen zusammengebraut. Wir waren allein, isoliert auf einer weißen, runden Insel, die 1500 Meter über dem flockigen Wolkenbett zu schweben schien.

Dick überredete Pete, ein Foto von uns zu machen, das uns bei einer vorgetäuschten Reifenreparatur zeigen sollte. Es sollte ein Jux sein. Ich fragte mich besorgt, ob er nicht schon an einem Gehirnödem litt.

Den Gipfel des Kilimandscharo ziert eine Ansammlung von Stöcken, Pfosten, Plaketten und einer alten leeren Blechkiste (in der einmal das Gipfelbuch gelegen haben mag).

Dick holte einen Schraubenschlüssel hervor und legte ihn dazu.

Noch mehr Fotos wurden geknipst, dann drehten wir uns um und verließen den Uhuru. Kate, Maggie und Michèle gingen voran. Pete blieb bei uns.

Wir verließen den Gipfel um 15 Uhr und waren sicher, die 300 Meter Höhenunterschied recht schnell hinter uns zu bringen. Aber schon von den ersten Metern an lief es schief.

☆

Dick: Wir hatten einen guten Start. Wir schoben die Räder an, rollten über einen sanften Schneehügel, ein paar Pedalumdrehungen brachten uns an die enge Kehre bei den Eisterrassen. Da sah ich, daß Nicks Hinterrad zu weit über den Abhang hinaushing. Eine pulvrige, weiße Wolke stieg auf. Nick hatte zu schnell zu korrigieren versucht. Das Rad bäumte sich auf, und sein linker Fuß suchte nach einem Halt.

„O Caramba!" hörte ich ihn brüllen.

Das tastende Bein hatte Nick aus dem Gleichgewicht gebracht, und das Vorderrad schlug nach rechts aus. Ich konnte den Vorgang gar nicht schnell genug verfolgen – überall wirbelte Schnee herum. Reifen tauchten plötzlich auf, drehten sich und verschwanden. Ein I. T.-Abzeichen war zu sehen, ein blauer Anorak überschlug sich, und dunkle Hosenbeine kamen zum Vorschein. Eine Hand und ein Schuh wirbelten hoch, und ein Schrei ertönte aus dem Durcheinander. Er konnte nicht weit fallen, denn drei Meter tiefer würde ein abgerundeter Eishügel Nicks Sturz aufhalten.

Zu spät sah ich das Eis unter meinen eigenen Rädern. Auf Eis zu bremsen war absolut nutzlos. Die Reifen streiften die Schneekanten, die den Pfad säumten, ich lag auf den Knien, auf dem Rücken, dann rollte ich abwärts und raste direkt auf Nick zu. Nach längerem Schweigen sagte ich endlich: „Faulpelz! Was liegst du hier rum?"

Dick überlegte Sekunden, dann: „Technische Fehleinschätzung".

Ich spuckte Schnee aus und versuchte mich auf den Ellbogen zu stützen. Wir sahen uns gegenseitig durch unsere dunklen Brillen an – und platzten fast vor Lachen. Wie zwei Clowns waren wir über den Schnee gerutscht. Was für ein herrlicher Silvesterscherz! Durch das erfolgreiche Gipfelerlebnis fühlten wir uns so wunderbar stark und glaubten vor Kraft überzuschäumen. Das Leben war einfach aufregend! Doch in den nächsten Minuten hatten wir erneut mit Atemnot zu kämpfen. Wir sogen die Lunge voll mit der dünnen Luft, während sich unser Brustkorb tief hob und senkte. Zwischen diesen qualvollen Atemzügen und dem Ringen nach neuer Kraft brachen wir immer wieder in Lachen aus, bis mir der Bauch weh tat.

Wir brauchten eine Weile, bis wir uns wieder beruhigt hatten. Die Zeit flog dahin, und wir mußten uns wirklich beeilen, um nach Gilman's Point zu kommen. Dort mußten wir noch nach einer geeigneten Stelle suchen, wo wir unser Zelt aufstellen konnten, bevor die Nacht hereinbrach. Nachdem unser Atem und unsere Herzschläge ruhiger gingen, erhoben wir uns. Ich holte den restlichen Schnee aus den Ohren, und Nick streifte sich das Gesicht ab. An meinem Nacken rutschte kaltes Naß entlang. Zurück auf dem Weg bemühten wir uns, unseren überschwenglichen Erfolgstaumel unter Kontrolle zu halten. Erneut stiegen wir auf die Räder und fuhren langsam, die Bremsen ruckweise ziehend, abwärts. Die Beine waren fast gerade, und das Gewicht hatten wir nach hinten verlagert. Wir saßen gut im Sattel.

☆

Je tiefer die Sonne sank, um so tiefer sank auch die Temperatur, die wir jetzt empfindlich zu spüren bekamen, denn der größte Teil des Weges lag im Schatten. Während wir am Morgen den Schatten begrüßt hatten, da er unsere Augen vor den schmerzenden UV-Strahlen geschützt hatte, fanden wir ihn nun recht ungemütlich. Und auch der tiefliegende, finstere Kraterboden sah dadurch nicht sehr einladend aus. Das reinste Eisgefängnis. Würden wir da hinunterrutschen, hätten wir sicher nicht die Kraft, rasch wieder herauszuklettern. Und bis morgen früh würden wir wohl erfroren sein. Der Schnee, der unter den Sonnenstrahlen weich geworden war, hatte nun einen harten, glitzernden Schein. Unsere Räder rutschten hin und her. Manche Stellen, die wir beim Hinweg fahrend bewältigt hatten, mußten wir jetzt vorsichtig zu Fuß überwinden. Die meiste Zeit ging es bergab, bis auf zwei Stellen, an denen es mühsam und atemraubend bergauf ging. Wir preßten die Hände gegen unsere Köpfe, weil wir das Gefühl hatten, sie würden zerspringen. Durst und Müdigkeit nahmen uns bald die Sprache und jedes Denkvermögen. Ich wurde nur noch vom Überlebensinstinkt getrieben. Das Unterbewußtsein sagte mir, worauf ich ständig zu achten hatte, um Gilman's Point heil zu erreichen: kein Risiko eingehen, Hände und Füße warm halten (Frostbeulen kommen ganz unbemerkt), Wolken und Wetterveränderungen beobachten, jeden Schritt vorsichtig wählen, auf das Rad nur aufsteigen, wenn bei einem Sturz nichts passieren kann, Dick gut im Auge behalten, ihn ja nicht verlieren. Es wäre hier wirklich nicht gut, allein zu sein.

☆

Dick: Wir verließen die glatten Hänge in der Nähe des Uhuru Peak und bewegten uns nun am gezackten Kraterrand auf Gilman's Point zu. Die Eisfelder der südlichen Gletscher fielen hinter uns in die Tiefe. Wolken ballten sich unter uns zusammen. An manchen

Stellen brachen Felsspitzen durch. Über dem Kamm vor uns konnten wir in ein endloses Blau sehen.

Das letzte Stück des Weges war eine schmale Schneeterrasse unterhalb des schroffen Kraterrandes. Als wir den sich auf und ab windenden Pfad entlangrollten, dachte ich, wir würden es schnell hinter uns kriegen. Aber es wurde noch ein zähes Ringen. Unsere Gipfeleuphorie war abgeflaut, und die starken Kopfschmerzen kamen überraschend heftig zurück. Wir fühlten uns ausgetrocknet, und die extremen Anstrengungen der letzten Tage machten sich jetzt mit aller Macht bemerkbar. Ich erinnerte mich, wie ausgelaugt der französische Bergsteiger, dem wir unterhalb des „letzten Wassers" begegnet waren, ausgesehen hatte – genauso fühlte ich mich jetzt.

Nick ging voraus. Wir setzten uns nur auf den Sattel, wenn die Route über einen sanften Hang verlief, und das kam äußerst selten vor. Aber ich war zu müde, als daß es mir etwas ausgemacht hätte. Wir hatten unseren Beitrag bereits geleistet – und jetzt sah uns ja niemand.

Kurz vor 17 Uhr erreichten wir die Stelle, wo wir unsere Ausrüstung zurückgelassen hatten. Die Sonne stand schon tief. Michèle und Pete hatten Wasser für uns vorbereitet. Die lauwarme Flüssigkeit schmeckte uns wie der köstlichste Trunk. Wir begannen das Zelt aufzubauen. Maggie und Kate waren bereits zu den etwas komfortableren Zelten bei der Kibo-Hütte abgestiegen. Wie wir alle hatten sie gefroren und hatten das starke Bedürfnis gehabt, sich einfach auszustrecken und zu schlafen.

☆

Wir hatten das, was man bei Temperaturen über dem Gefrierpunkt eine „heiße" Diskussion nennen würde. Es ging darum, wo wir am besten das Zelt aufstellen könnten. Dick war dafür, daß wir unser ganzes Zeug hinunter in den Krater befördern und das Zelt am Schneefeld des Kraterbodens aufbauten.

„Dort wäre es absolut windgeschützt", war sein Argument, „und am Morgen könnten wir mit den Rädern im Krater herumfahren." Dieser Vorschlag hatte etwas für sich, nur stand dieser „Strategie" ein Hindernis im Weg: die Felswand zwischen uns und dem Kraterboden. Um da hinunterzukommen hätten wir uns, die Räder und 500 Kilo Ausrüstung abseilen müssen. Ich gab zu, daß dies äußerst interessant klang, wies aber darauf hin, daß wir – einmal unten – eine gute Weile brauchen würden, um wieder hinaufzukommen. Würden sich bei irgend jemanden von uns schwere Anzeichen der Höhenkrankheit einstellen, hätte das üble Folgen.

„Sieh mal", meinte Dick, „wenn der Wind hier oben in der Nacht zunimmt, reißt er die Zeltpflöcke raus." Damit verschwand er hinter dem Kraterrand und ließ sich einige Zeit nicht mehr blicken.

Ich holte das Zelt aus dem Rucksack. Michèle hatte sich halb sitzend, halb liegend in den Schutz eines Felsen neben den Petroleumkocher zurückgezogen. Pete suchte nach mehr Kleidung. Ich schaute über die Felskante, um zu sehen, wo Dick geblieben war. Endlich entdeckte ich ihn. Das heißt, erst war es eine Hand, dann die andere, die sich an eine wahnsinnig steile Eisterrasse klammerte, dann kam der restliche Körper in Sicht. Ich formte mit meinen Händen einen Trichter vor dem Mund und schrie: „Wie sieht es aus?"

Nach einer kurzen Pause wehte seine schwache Antwort zu mir herauf. „Nicht gerade großartig. Die Räder würden es hier nicht schaffen."

Wir entschieden uns schließlich für einen leicht schrägen Schneehang, den besten Platz, den wir finden konnten. Er befand sich direkt auf dem Kamm des Kraterrandes. Lage und Aussicht waren phantastisch. Mit Eispickeln und Schneeschaufel schufen wir eine kleine Plattform für das Zelt. In der sauerstoffarmen Luft war das keine leichte Arbeit, aber es wärmte unsere kalten Knochen auf. Nach zehn Hackschlägen mußten wir pausieren, dann gab es wieder zehn Schläge und wieder eine Pause. Nach 20 Minuten war die Grundlage für unser „Heim" geschaffen. Das Aufstellen des Zelts kostete ebenfalls viel Kraft und Zeit. Der Wind zerrte an uns und den Zeltpflöcken, die immer wieder aus dem Schnee gezogen wurden. Daher verwendeten wir schließlich an deren Stelle die Eispickel, die lang und stark genug waren, dem Zerren des Windes zu trotzen. Damit das Zelt in der Nacht nicht weggeblasen wurde, befestigten wir es noch extra mit Halteseilen und legten schwere Steinbrocken drauf. Dann kam uns der Einfall, das Zelt zusätzlich mit unseren kostbaren Mountain-Bikes abzustützen.

Im Inneren war es gemütlich. Zwar erschöpfte uns jede kleinste Bewegung, und wir litten unter rasenden Kopfschmerzen, aber es war Silvesterabend – und der sollte gefeiert werden! Wir schmolzen Schnee, um anstoßen zu können, und als Silvestermenü gab es Gemüsesuppe und Kartoffelbrei. Die Suppe glitt wohlig durch unsere Kehlen. Der Kartoffelbrei war in der Zwischenzeit hart wie Beton geworden – dann fror er ganz ein.

Neujahrsmorgen am Kraterrand

Als ich aufwachte, war es noch dunkel. Das Zelt schien während der Nacht zusammengeschrumpft zu sein. Von dem schmalen Streifen, den ich gestern, am letzten Abend des Jahres, für mich beansprucht hatte, war nichts mehr übriggeblieben. Ich klebte an der Nylonwand, hatte einen Ellbogen gegen den Zeltboden gepreßt und spürte das Gewicht des hangabwärtsliegenden, eingemummten Körpers neben mir. Es war erstaunlich, daß ich in dieser Höhe so lange hatte schlafen können. Die anderen schienen diesbezüglich auch keine Schwierigkeiten zu haben. Der Wind rüttelte beharrlich am Zelt. Ich bewegte meine Zehen und Finger, sie waren noch lebendig und warm. Wir hatten die Zeltöffnung dem Osten zugewandt, damit der erste Morgenschimmer des Jahres 1985 uns direkt treffen würde. Ich überlegte einen Moment lang, daß ich den Sonnenaufgang verpassen könnte, wenn ich wieder einschlafen würde. Womöglich würde die Sonne bereits senkrecht über uns stehen, wenn ich die Augen wieder öffnete . . .

Meine Bedenken waren grundlos. Eine Stunde später spürte ich Dicks Fuß im Gesicht, als er sich bemühte, die Zelttür zu öffnen.

„Was gibt's?" murmelte ich unfreundlich und versuchte dem dampfenden Socken der Größe zehn auszuweichen.

„Stimmen. Ich habe Stimmen gehört. Da ist jemand draußen. Ich schau mal nach."

„Dick, bist du in Ordnung?" Ich drehte mich um, um sein Gesicht zu sehen. Vielleicht hatte er bereits fortgeschrittene Hypothermie.

„Ich gehe nur kurz hinaus. Bin gleich wieder zurück."

Im Halbdunkel erkannte ich einen grimmigen Ausdruck und eine wilde Entschlossenheit auf seinem Gesicht, während er sich abmühte, seine steifgefrorenen Stiefel über die Füße zu ziehen. Er torkelte hinaus und zog mit kratzendem Geräusch den Reißverschluß hinter sich zu. Ich hörte seine knirschenden, unsicheren Schritte auf dem verharschten Schnee. Dann war es eine Weile still – und kurz darauf hörte ich etwas auf den Boden prasseln. Das mußte die übriggebliebene Gemüsesuppe sein.

In diesem Augenblick hörte auch ich Stimmen. Ich bohrte mit meinen Fingern in den Ohren und schüttelte den Kopf, doch die Stimmen waren noch immer da. Dick hatte recht, es mußten Leute in der Nähe sein.

☆

Dick: Einige Minuten vor der Morgendämmerung des Neujahrstages trat ich vor das Zelt in die kalte Luft hinaus. Gegen Osten zu zeigte sich am Himmel der erste Lichtschimmer. Der Wind trug Stimmengemurmel heran, und ich blickte gegen den Kraterrand. Zwei Köpfe tauchten über den Felsen auf, dann noch einige: die ersten Bergsteiger, die am Neujahrsmorgen zum Gilman's Point heraufstiegen. Wahrscheinlich hatten sie gehofft, hier oben allein zu sein, um das neue Jahr zu begrüßen. Aber als sie mich sahen, riefen sie mir ein herzliches „Prost Neujahr!" zu. Ich rief Nick, Pete und Michèle, und wir posaunten gemeinsam: „Ein gutes neues Jahr!" zurück. Das Grinsen auf ihren Gesichtern wurde noch breiter und noch herzlicher. Dann mußten sie die Fahrräder neben dem Zelt entdeckt haben. Sie schwangen ihre Arme über ihre Köpfe und brüllten Glückwünsche zu uns herüber. Fröhlich gestikulierend drehten sie sich dann um, um den bevorstehenden Sonnenaufgang zu beobachten.

Ich schlüpfte zurück ins Zelt. Meine Stiefel waren hart wie Stein, und ich schaffte es nur halb, in sie hineinzuschlüpfen. Der Himmel wurde heller und ein roter Schein breitete sich über dem Mawenzi aus. Wir ließen den Reißverschluß des Zeltes offen. Die Türwände flatterten. Ein Lichtstrahl fiel auf unsere Schlafsäcke. Er wurde stärker, änderte seine Farbe von Rot in Gold und tastete sich über das ganze Zelt: das erste Licht der Neujahrssonne!

☆

Die kurze Unterhaltung und die Anstrengung, den Sonnenaufgang entsprechend zu bewundern, hatte uns so müde gemacht, daß wir noch einmal für eine Stunde Schlaf ins Zelt schlüpften. Dann meldete sich der erste Durst. Dick, der am nächsten beim Ausgang lag, durfte „freiwillig" Schnee holen, damit wir uns etwas zu trinken bereiten konnten. Diesmal taute er aber erst seine Schuhe über dem Kocher auf und knetete das Leder, bis es einigermaßen weich war. Nach zwanzig Minuten kam er mit einem Behälter voll Eisklumpen zurück. Er schien sich großartig zu fühlen.

„Gutes neues Jahr euch allen", rief er den drei Schlafsäcken zu. „Schon ein kleiner Unterschied, wenn man bedenkt, wie betrunken unsere lieben Landsleute das neue Jahr vermutlich begrüßt haben."

„Ein zu großer Unterschied", murmelte daraufhin eine kummervolle, noch halb dösende Stimme.

„Ich frag' mich, was Hol und die Seinen im Augenblick machen." Sie wollten im Norden Schottlands zelten und befanden sich wahrscheinlich jetzt ebenfalls auf irgendeinem Schneehang.

„Wenn sie einigermaßen vernünftig sind, sitzen sie jetzt sicher vor einem anständigen Frühstück."

„Porridge wahrscheinlich."

„Brot und Marmelade."

„Tee, Schokolade, Pfirsiche aus der Dose, Pudding . . . Ich glaube, mir wird schlecht."

Wir alle hatten unseren Appetit verloren. Ich rührte in einem schneegefüllten Topf, der auf dem Campingkocher stand, und begann damit die ersten faden Getränke vorzubereiten. Zum Eingewöhnen gab es lauwarmes Schneewasser, dann eine schwache Suppe, der eine stärkere Suppe folgte. Dieses köstliche Frühstück beendeten wir mit flüssigem Kartoffelbrei, dem wir einen Schwung Tomatenpulver zusetzten, wodurch die ganze Sache hübsch rot wurde. Dieses Tomaten-Kartoffel-Getränk war der Hit des Morgens, an dem wir zwei Stunden lang schlürften.

Wir hatten es nicht mehr erwähnt, aber der Grund, weshalb wir oben auf dem Grat übernachtet hatten, anstatt in eine angenehmere und besser verträgliche Höhe abzusteigen, lag darin, daß wir immer beabsichtigt hatten, mit unseren Rädern auch im Krater zu fahren. Wir hatten angenommen, daß dies eine extra Ein- bis Zwei-Tage-Expedition werden würde. Wir waren uns auch klar, daß wir mit Proviantknappheit rechnen mußten, vor allem aber auch, daß wir uns damit überfordern würden. Als nun die Stunden so dahingingen, schien dieser Plan immer undurchführbarer zu werden. Die mich in Wellen überfallende Übelkeit und die rasenden Kopfschmerzen, die mich fast blind machten, hatten inzwischen meinen Mut und meine Abenteuerlust stark geschmälert. Im geheimen hoffte ich, daß Dick dasselbe empfand, und der „Krater"-Plan ins Wasser fiel.

☆

Dicks Tagebuch: Ich bin von einer mir bisher unbekannten Lethargie befallen. Ich habe absolut keine Lust, irgend etwas zu tun. Keiner von uns mag richtig essen. Selbst unser Teddybär-Maskottchen sieht mitgenommen aus. Wir haben sehr viel Zeit gebraucht, um aufzustehen. Wir setzten einige Male zum Packen an, doch unterbrachen wir es immer wieder, um ein wenig zu schlafen.

Letzte Nacht haben wir alle unsere Kleider angelassen, die Jacken, Thermo-Kleidung, Hemden, Handschuhe, Mützen, Socken – nur die Schuhe nicht. Wir alle lagen in Daunen-Schlafsäcken und hatten noch Daunenjacken übergezogen, um uns einigermaßen warm zu halten.

Ich notiere dies hier auf ein Stück Papier. Nick und ich haben gerade unseren Report für die *Sunday Times* beendet. Denken und Schreiben geht in dieser Höhe und bei dieser Temperatur allerdings über unsere Kräfte. Unser Bericht beginnt: Sunday-Times (Gutes neues Jahr vom Kilimandscharo!) von Nick und Dick Crane ... Die geistige Anstrengung, in einer Höhe von 5600 Meter, bei einer Temperatur von minus fünf Grad Celsius im Zelt (wir können nur ahnen, wieviel niedriger die Temperatur draußen sind), dazu von Höhenkrankheit gebeutelt, einen vertraglich vereinbarten Artikel zu schreiben, übersteigt unsere Fähigkeit des Ertragens. Daher senden wir Ihnen eine Reihe von Notizen, die zum Teil unleserlich oder wenig geistreich sein mögen, und hoffen, daß es Ihnen gelingt, diese zu ordnen und in Sätze zusammenzufassen."

Ich habe schon früher unter Höhenkrankheit gelitten, Kopfschmerzen, Übelkeit, Appetitlosigkeit – das alles kenne ich bereits, doch neu ist mir diese schreckliche Lethargie, die uns einhüllt und lähmt. Gegen Mittag hat das Pochen und Dröhnen im Kopf derart zugenommen, daß absolut nichts mehr, was auch nur die geringste Anstrengung abfordert, in Erwägung gezogen werden kann. Wir mögen auch nicht an irgend etwas solides Eßbares denken. Ich habe ein paar Datteln und Erdnüsse in meinem Rucksack gefunden, und da diese zumindest etwas Geschmack haben, fragte ich: „Wer mag Datteln oder Erdnüsse?"

Erst kam keine Antwort, dann hörte ich Nick schwach sagen: „Nein danke, aber falls du Zeit übrig hast, ich könnte eine Gehirntransplantation brauchen."

Ich liege im Zelteingang. Meine Beine stecken noch immer im warmen Schlafsack, über meinen Augen sitzt die Schneebrille. Alles erscheint mir irgendwie so unwirklich: daß Nick und ich vor 24 Stunden auf dem höchsten Gipfel Afrikas gewesen sein sollen. Ich kann den ganzen Weg bis hinauf zum Uhuru sehen. Und schon wieder habe ich das Verlangen zu schlafen.

☆

Michèle saß den ganzen Morgen wartend da, während Dick und ich nach Worten suchten, die wir für die *Sunday Times* niederschreiben wollten. Kurz nach Mittag hatten wir die Schreibarbeit beendet, und Michèle, die zwar relativ gut geschlafen, aber nichts gegessen hatte, machte sich mit unserem „Werk" und den Fotos auf den Weg zur Kibo-Hütte. Sie war der erste „Läufer" in der Kette, die das Material für die *Sunday Times* nach London beförderte, wo es bereits eineinhalb Tage später eintreffen sollte. Kate und Maggie würden von der Kibo-Hütte als nächste starten.

Bevor Michèle uns verließ, fragte sie uns, wann wir zur Hütte zurückzukehren gedachten. Dick antwortete: „Schick niemanden zu Hilfe bis übermorgen früh."

Die Krater-Diskussion begann von neuem. Sollten wir oder sollten wir nicht zwei weitere Tage hier oben verbringen? Sollten wir tatsächlich mit den Rädern in den Krater absteigen, würden wir ganz auf uns allein gestellt sein. Sollte uns etwas zustoßen, würde es keine Bergwacht geben, die uns herausholte. Auch sah das Wetter so aus, als würden sich die Wolken zusammenziehen. Wir wußten, daß es vor einigen Tagen hier oben einige Blizzards gegeben hatte. Außerdem bedeutete ein Besuch des Kraters, daß wir erst wieder rund 300 Meter hinaufsteigen mußten, bevor wir unseren endgültigen Abstieg antreten konnten – ziemlich paradox das Ganze. Aber genau gesehen konnten all diese Probleme überwunden werden, und es gab eigentlich keinen Grund, nicht auf dem Kraterboden radzufahren. Wir waren ja gut ausgerüstet, hatten Eispickel, Seil, Steigeisen, Proviant und Petroleum für drei Tage. Auch die Räder waren noch in bestem Zustand. Das Experiment nicht weiterzuführen, darauf zu verzichten, im Herzen eines Vulkans radzufahren, war eigentlich ein Armseligkeitszeugnis. Dick und ich beschlossen, armselig zu sein!

Abschied und Abstieg

Wir prusteten und schnauften in unseren Schlafsäcken herum, die wir erst verließen, als wir fertig angezogen waren. Jede kleinste Handhabung schmerzte, und wir bewegten uns äußerst vorsichtig. Durch unsere Unentschlossenheit war uns wie immer die Zeit knapp geworden, und wir hatten Zweifel, die Kibo-Hütte noch vor Einbruch der Nacht zu erreichen. Von neuem kontrollierten wir unsere Ausrüstung und achteten darauf, daß die Überhandschuhe in leicht erreichbaren Taschen verstaut wurden. Wir stellten uns vorsichtshalber darauf ein, noch einmal den Biwaksack benützen zu müssen.

☆

Dick: Wir schmolzen Schnee, um genug Wasser für den Abstieg zu haben, und packten unsere Rucksäcke. Campingkocher, Pfanne und Tassen kamen in eine Plastiktüte, zusammen mit halbgekochtem oder halbgegessenem Essen. Das Ganze wurde in den großen Rucksack gestopft, nachdem ich vorher schon Socken, Schlafsack, Decken und was sonst noch herumlag hineingesteckt hatte.

Das Zelt war mit einer Eisschicht überzogen, wodurch sich das Gewicht vergrößerte. Als wir alles fertig gepackt hatten, stand vor uns die voluminöseste Traglast, die wir je vor Augen gehabt hatten. Jeder von uns mußte einen großen Rucksack auf den Rücken nehmen und einen mittelgroßen um den Bauch binden. Die Säcke waren bis zum Rand gefüllt. Die Isoliermatten, ein Topf und die Wasserflaschen wurden obendrauf geschnallt. Außerdem waren noch die Räder zu schleppen. Nick legte sich im Sitzen die beiden Rucksäcke um und stellte dann fest, daß er ohne Hilfe nicht wieder aufstehen konnte.

Als wir die Räder aus dem Schnee zogen und wir endgültig für den Rückweg bereit waren, waren die Schatten schon ziemlich lang geworden. Um so rascher bewegte sich die Sonne auf die schwarzen Felsen des Uhuru Peak zu. Am blauen Firmament über uns waren nur die Sonne und ein blasser Mond zu sehen. Es war so still und ruhig rund um uns, daß ich meinte, das Eis in den Nordgletschern bersten zu hören. Der Abschied von hier oben stimmte mich traurig.

Wir ließen das große Abenteuer hinter uns, noch bevor wir es eigentlich richtig ausgekostet hatten. Unser unmittelbares Ziel hatten wir jedoch erfüllt. Wir waren mit den Rädern auf den

Uhuru Peak gekommen. Leider konnten wir nicht alle Experimente, die wir uns ausgedacht hatten, durchführen. Teils aus physischen Gründen, hauptsächlich aber, weil die für unsere moderne Gesellschaft typische Zeitnot es nicht zuließ.

Wie auch immer, wir waren ein Stück auf unserem Lebensweg weitergegangen, hatten mehr über uns selbst erfahren und ein klein wenig mehr über andere Menschen. Wahrscheinlich ist es nur möglich, sich selbst wirklich zu erkennen, wenn man versucht, an die Grenzen seines eigenen Leistungsvermögens zu stoßen. Und nur durch große gemeinsame Anstrengungen können wirklich tiefe zwischenmenschliche Bande entstehen. Es war traurig, dem Kibo Lebewohl sagen zu müssen, aber wir waren sicher, daß noch viele andere Abenteuer vor uns lagen.

Ich wischte eine Träne weg. Es war gewiß die Sonne, die mich blinzeln ließ. Noch ein paar Tränen flossen.

„Verdammt“, sagte ich, „Nick, hilf mir. Ich muß etwas im Auge haben. Ich muß die Kontaktlinse rausnehmen.“

Nick war sofort an meiner Seite. Wir hockten uns in den Schnee. Nick wußte um das Problem mit den Linsen, da er ebenso aus Eitelkeit diese versteckten Krücken trägt. Ich legte die Hand über mein Auge und holte die Linse raus, dann leckte ich sie mit der Zunge ab und schob sie in den Mund. Hier war sie nicht nur sicher, sondern durch den leicht antiseptisch wirkenden Speichel auch sonst bestens aufgehoben, jedenfalls besser als in kalten steifen Fingern. Ich trocknete die Augenwinkel. Vermutlich waren ein paar kleine Schneekörner in das Auge geraten. Sie waren unangenehm, schmolzen aber rasch. Kurz darauf holte ich die Kontaktlinse wieder aus dem Mund und setzte sie mir ein. Zwar praktizierte ich diesen Vorgang schon fünf Jahre, doch würde ich ihn nur in Ausnahme- oder Notfällen empfehlen. Würde man die Linsen ständig auf diese Weise behandeln, könnte es möglich sein, daß ein Schaden am Auge entsteht. (Meine

Kontaktlinsen sind hart. Bei weichen Linsen sollte diese Technik überhaupt nicht angewandt werden.)

☆

Es ging abwärts, in Richtung Wärme und komfortablere Verhältnisse. Anfangs war es unmöglich, mit den Rädern zu fahren; das lockere Geröll war zu gefährlich. Mit einem Rucksack auf dem Rücken, einem vor dem Bauch und dem Rad über dem Kopf war es schier unmöglich zu sehen, wo ich hintrat. Mit jedem Schritt mußte ich erst nach einem festen Halt tasten, bevor ich das restliche Gewicht meines Körpers und der Last nachzog.

☆

Dick: Manche Steine waren mit Eis überzogen und extrem glatt. Zwischen den Felsblöcken war der Boden entweder mit Schnee oder losem Geröll und Sand bedeckt. Welche Route wir auch wählten, es schien die falsche zu sein. Zweimal kletterten wir wieder zurück, um einen einfacheren Weg zu suchen. Für die ersten vierzig Meter brauchten wir bis zum Einbruch der Dämmerung.

„Nicht gerade ein eleganter Fahrstil", meinte Nick. Ich nickte bestätigend. Es war wirklich eine Schande, die Räder hinuntertragen zu müssen, nachdem wir so schwer geschuftet hatten, sie hinaufzubringen. Aber zumindest würden wir nach der Kibo-Hütte mit ihnen bis ins Tal fahren können. Neunhundert Meter unter uns konnten wir das glänzende Blechdach sehen. Wenn da nicht dieses rutschige Geröll gewesen wäre – wie schnell hätten wir unten sein können. Ich überlegte, wie lange es auf diese Weise dauern würde, bis wir mit unseren Freunden zusammentreffen könnten. Da drehte sich Nick herum, stemmte sich gegen den Hang und setzte das Rad auf.

„Weißt du, was ich tun werde?" sagte er. „Radfahren!" Der erste Versuch fand ein bühnenreifes Ende. Das Gewicht von Fahrrad, Fahrer und Gepäck betrug über 130 Kilogramm. Ziemlich viel für ein Paar Bremsen, die für normale Bedingungen erdacht worden waren. Ich saß hinter dem Sattel, versuchte auf dem 45 Grad steilen Hang mein Gewicht so weit wie möglich in der Rücklage zu halten. Die Lenkstange konnte ich gerade noch mit ausgestreckten Fingern erreichen. Erst als ich im halsbrecherischen Tempo abwärtsjagte, realisierte ich, daß ich gar nicht sehen konnte, wo es eigentlich hinging. Der Rucksack, der über der Brust hing, schob sich direkt vor mein Gesicht und nahm mir die letzte Sicht. Ich raste mit Höchstgeschwindigkeit bergab, prallte gegen einen Lavabrocken – und hob ab.

☆

Dick: Ich wartete, bis sich der aufgewirbelte Staub gelegt hatte, um zu sehen, ob Nick wieder auf die Beine kam. Als sich die pilzförmige Wolke verzogen hatte, sah ich Nick mit dem Kopf nach unten am Hang liegen. Er war von oben bis unten mit Lavagrus bedeckt. Sein Rad lag einige Meter tiefer. Ich saß bereits auf meinem Rad, wollte mir nicht die Chance entgehen lassen, ebenfalls mit einem solchen Schwierigkeitsgrad Erfahrungen zu sammeln. Nicks Methode: Füße auf den Pedalen, Gesäß über dem Hinterrad, Bremsen fest angezogen. Es funktionierte, aber es war anstrengend. Bereits nach wenigen Metern schwand die ganze Kraft aus meinen Armen. Doch ich wollte Nick imponieren, es besser machen und ein paar Meter weiter als er kommen, bevor ich anhielt. Ich fuhr dicht an Nicks ausgestreckten Beinen vorbei und nahm eine schneidige Rennpose ein. Die Knie hatte ich leicht angewinkelt und wippte auf den Pedalen wie eine Feder. Dem Hindernis, dem Nick zum Opfer gefallen war, konnte ich zwar ausweichen, nicht aber dem Loch, das meinem Vorderrad zum Verhängnis wurde. Im hohen Bogen flog ich über die Lenkstange. Die Rucksäcke landeten im Kies. Das Leben schien wieder lustiger zu werden.

☆

Ein gutes Stück lang probierten wir alle möglichen Variationen aus, wie wir per Rad bergab fahren könnten. Die meisten Experimente endeten mit unkontrollierten Rutschpartien oder Saltos. Mit unseren Lasten sahen wir dabei aus, als würden sich Müllwagen überschlagen. Jedesmal, wenn wir mit dem Boden Bekanntschaft knüpften, machte sich unser Gepäck selbständig, und über uns zogen Wolken aus Lavagrus dahin.

Dick, der stets beneidenswert schnell wieder auf den Beinen war, probierte nun eine neue Fahrweise aus. Er hatte einen Rucksack an der Lenkstange befestigt und den anderen auf dem Rücken, während er versuchte, sich auf den Gepäckträger zu setzen. Es wurde eine beeindruckende Demonstration des Sieges der Schwerkraft über die Reibung. Das Rad schlug einen Purzelbaum nach dem anderen. Dicks großer Expeditionssack riß sich los und hüpfte in riesigen Sätzen den Hang hinunter, während sein Besitzer ihm fluchend nachsprang.

Wenn der Kartoffelbrei bereits zuvor als ungenießbar zu bezeichnen gewesen war, so konnte ich mir seinen jetzigen Zustand vorstellen, nachdem sich der Inhalt des Rucksacks atomisiert haben mußte. Wie ein Rugbyspieler den Ball, so fing Dick vierzig Meter weiter unten seinen Rucksack auf. Beide versanken im Staub.

Während ich Dicks verlassenes Rad einsammelte, kam mir die Idee, die beiden Räder in einem Katamaran-Effekt zu benützen. So könnte ich beide gleichzeitig den Hang hinunterbefördern. Aber mit dem aufgebürdeten Gepäck war es unmöglich, Balance zu halten. Als ich Dick erreichte, war er zu einem endgültigen Ergebnis gekommen.

☆

Dick: Der beste Weg, die Geröllhalde zu bewältigen, war, nicht die Räder zu fahren, sondern sie neben uns – wie einen Ausleger – vorwärtszurollen. Das mag nach Betrug klingen, da es nichts mit

Radfahren im üblichen Sinn gemein hat, aber ich war der Ansicht, daß wir auf diese Weise am schnellsten mit unserem Gepäck über die steile Schotterhalde kommen würden. Wir legten uns dabei quer über das Rad und stemmten die Beine nach außen. Vorher hatten wir die Rucksäcke gut verteilt und festgeschnallt, dann banden wir uns selbst an Gepäck und Rad fest. So wurde die Sache eine runde, komplette Einheit. Die Hinterbremsen hatten wir angezogen, ließen sie aber alle paar Meter los, damit der Gummibelag nicht total abgescheuert wurde. Die Vorderräder konnten sich frei bewegen.

☆

Obwohl ich es nur ungern zugab, Dicks Slalomtheorie funktionierte. Wir bekamen einen solchen Schwung, daß sich im Vergleich dazu Jean-Claude Killy wie ein Plumpsack ausgemacht hätte. Mit jedem Meter, den wir tiefer kamen, fühlten wir uns besser. Auch die Lethargie verflüchtigte sich mehr und mehr. Der Grund, daß wir in unserem „Flug" einhalten mußten, waren nicht lahmgewordene Beine, sondern unsere rechten Armhöhlen, die sich, auf dem Sattel aufliegend, wundgescheuert hatten. Die sensible Stelle brannte wie Feuer. Es dauerte eine Viertelstunde, bis wir die Seiten gewechselt hatten, damit auch die linke Achselhöhle ihren Teil abbekommen konnte.

☆

Dick: Nach einer weiteren langen Slalomfahrt hielten wir atemlos an. Es war Zeit für eine kurze Rast. Die Nacht hatte sich schon fast über uns gesenkt. Wir holten Handschuhe und Mützen hervor und zogen die Reißverschlüsse der Jacken hoch. Um für die Dunkelheit gerüstet zu sein, setzten wir die Stirnlampen auf. Es ging weiter abwärts.

☆

Unsere Kapriolen wurden von unten beobachtet. Michèle und einige Bergsteiger aus Deutschland standen vor der Kibo-Hütte und verfolgten durch Ferngläser jeden unserer Stürze. Die gesamte Abstiegsroute von Gilman's Point war von unten einzusehen. Im schwindenden Licht konnten sie die riesigen Staubwolken, die vom dunklen Lavaboden hochstiegen, sehen.

„Was machen die da eigentlich?" fragte eine in Daunen eingewickelte Französin.

„Radfahren", antwortete Michèle, ohne das Fernglas von den Augen abzusetzen.

„Ah – ich verstehe."

Die Französin machte ein paar Schritte rückwärts, als ob sie Angst hätte, von solcher Verrücktheit angesteckt zu werden.

Es wurde kalt. Die Temperaturen sanken schnell unter den Gefrierpunkt. Bald war der ganze Berg in Dunkelheit eingehüllt.

Einer der Umstehenden fragte Michèle, ob die zwei Radfahrer auch wirklich die Räder benutzten, worauf sie antwortete: „Ich nehme an. Zumindest sind die beiden verrückt genug, es zu versuchen."

Mit der einsetzenden Finsternis verflog unsere gute Laune. Alles, was wir voneinander sehen konnten, war der wild herumwandernde Lichtstrahl, der von unserer Stirn manchmal hangabwärts, aber häufiger gegen den Himmel oder auf die uns umgebenden Hügel zeigte. Jeder kämpfte jetzt seinen eigenen privaten Kampf. In der Dunkelheit konnten wir die Anstrengungen nicht mehr miteinander teilen. Die Schwierigkeiten schienen sich zu multiplizieren.

Ich ließ mir etwas Neues einfallen. Ich band meine beiden Rucksäcke übereinander. Doch sie zogen ständig nach einer Seite und zerrten mich nach. Das machte mich ganz verrückt. Mir war kalt. Ich hatte keine Lust stehenzubleiben und das wieder umzuschichten. Es hätte zuviel Zeit gekostet. Schließlich warf ich doch alles zu Boden, aber meine Finger waren so steif, daß ich die Riemen nicht lösen konnte. Außerdem stellte ich fest, daß ich meine Iso-Matte irgendwann während des Abstieges verloren hatte. Dick stand etwas unterhalb auf dem Hang. Ich sah seine beleuchteten Hände, die sich ebenfalls mit einem Rucksack abplagten. Wir wußten nicht, wie weit wir es noch bis zur Hütte hatten, da wir kein Licht sehen konnten.

Dick wartete auf mich, bis ich umständlich auf ihn zugerutscht kam. „Kann nicht mehr weit sein", war alles, was er sagte. Der Hang wurde etwas flacher. Nicht um schneller voranzukommen, sondern um etwas Abwechslung zu haben, entschlossen wir uns, wieder auf die Räder zu steigen. Das war sicher eine wahnsinnige Idee. Die Stirnlampen hoben zwar die Felsbrocken aus der Dunkelheit, aber unsere Reaktionsfähigkeit war zu diesem Zeitpunkt nicht mehr die beste. Wir waren unterhalb der Lavafelsen angelangt, die über die Kibo-Hütte aufragten. Der Grund wurde fester, und solange wir die hin und her schwingenden Rucksäcke unter Kontrolle zu halten vermochten, konnten wir die Räder gut zwischen dem herumliegenden Gestein hindurchmanövrieren.

☆

Dick: Es machte viel mehr Spaß, abwärts als aufwärts zu fahren. Allerdings gab es mehrere Stürze. Überall war Geröll und Sand, selbst in meiner Unterhose. Ich hätte traurig sein sollen, daß das Ende der Expedition nahe war, aber in diesem Augenblick war ich eigentlich sehr froh, daß wir den Berg hinter uns hatten. Ich hoffte, daß Pete und Michèle bereits mit dem Essen auf uns warteten.

☆

Als Michèle die beiden Lichter am Fuß der Lavafelsen auftauchen sah, eilte sie schnell zum Petroleumkocher, pumpte höllisches Leben hinein und erhitzte den Tee, der bereits seit einer halben Stunde fertig war. Eine kleine Gruppe von Trägern und Führern hatte sich an der Hüttenecke versammelt und starrte gespannt auf den dunklen Hang.

Für uns war es ein wunderbarer Moment, als wir endlich die Hütte vor uns erblickten. Die greifbare Nähe spornte uns dermaßen an, daß wir die letzten hundert Meter hinter uns brachten, ohne vom Rad zu fallen. Die letzte Kurve lag vor uns, und wir fuhren direkt auf die wartende Gruppe zu. Es waren gut fünfzehn Personen. Michèle drängte sich durch die Leute, in einer Hand hielt sie einen riesigen Aluminiumbecher, in der anderen eine Schale mit Popcorn. Der Becher war bis zum Rand voll mit dem besten Tee, der jemals ausgedörrte Kehlen erquickt hatte.

☆

Dick: Wir wurden umarmt und geküßt. Nicas tauchte auf und drängte sich neben seine Kunden. Soda Enarc, der Chef der Führer, kam heran und lehnte sich an meine Lenkstange.

„Ich habe zwar selbst nichts dazu beigetragen, aber eure Leistung erfüllt mich mit Stolz, weil ihr dafür ein Territorium ausgewählt habt, mit dem ich sehr vertraut bin."

„Soda", antwortete ich, „du hast zwar an unserer Expedition nicht teilgenommen, aber es war der Geist des Abenteurers, wie auch du ihn in deinem Herzen trägst, der uns unterstützt hat."

☆

Es war noch immer Neujahrstag. Dick bestand darauf, diesen richtig zu feiern. Ich glaube, unser Kartoffel-Tomaten-Trunk war nicht die Flüssigkeit, die nach seinem Sinn war. Eine Flasche Whisky kam plötzlich zum Vorschein, und wir wurden in eine der kleinen Hütten eingeladen. Sie war voll mit Führern und Trägern, die, wo immer sie noch Platz gefunden hatten, herumsaßen. Ich wurde auf dem unteren Schlafplatz eines Stockbettes zwischen Simon und einen Träger gequetscht. Aus der braunen Daunenjacke des Trägers quoll aus allen Nähten die Füllung hervor. Neben meinen beiden Ohren baumelten die Füße von jemanden, der über mir auf dem Bett saß. Durch den dichten Zigarettenqualm und den Rauch, der aus dem Holzofen strömte, konnte ich

Dick nur nebelhaft erkennen. Im Raum roch es, als würden alte Schuhe geröstet werden. Es war herrlich warm und gemütlich, und jeder sprach zur gleichen Zeit. Sie alle wollten wissen, wie wir mit den Rädern von Gilman's Point zum Uhuru gefahren waren. Ich lehnte mich weit zurück und überließ es Dick, Abenteuergeschichten zu erzählen.

Die Abenteuer nehmen kein Ende

Dick: Wie nicht anders erwartet, wachten wir am nächsten Morgen sehr spät auf. Ich zog die Socken an, die ich bereits seit sechs Tagen trug, schüttelte die Steine aus den Schuhen und schlüpfte hinein.

„Guten Morgen", sagte ich zu allen, die mir dabei zusahen.

Nicas kam mit fröhlicher Miene auf mich zu. „Wie geht es?" fragte er.

„Müde", antwortete ich und suchte nach einem Wort, das meinen dumpfen Kopf hätte beschreiben können.

„Wann werden die anderen aufstehen?" fragte Nicas. Und dann: „Ich habe mir die Räder angesehen. Wann werdet ihr aufbrechen? – Kann ich eines der Fahrräder nehmen?"

Ich mußte erst verdauen, was ich gehört hatte. Nicas wollte also auf einem der Räder fahren. Nick kroch aus dem Zelt.

„Nick, Nicas möchte dein Fahrrad fahren."

Es kam keine Antwort. Auf allen vieren aus dem Zelt kriechend, blinzelte Nick halb verschlafen in das helle Tageslicht.

Nicas wartete, bis ihn alle anderen Führer und Träger beobachteten, dann schwang er sich auf ein Fahrrad und fuhr vertrauensvoll hügelabwärts. Rasch war er unseren Blicken entschwunden. Nick war es inzwischen gelungen, sich aufzurappeln.

„Wo ist mein Rad?"

„Nicas hat es sich ausgeliehen. Er wollte es nur mal ausprobieren . . . Er ist in diese Richtung gefahren."

Es folgte ein Augenblick des Schweigens, bis er diese Information vollständig erfaßt hatte. In den sonnenverbrannten Wangen stieg dunkles Rot auf.

„Auf meinem Rad? Er ist weg mit meinem Rad?" Die Stimme wurde etwas schriller. „Er wird es zu Schrott fahren!"

Blitzschnell drehte sich Cousin Nick um und rannte, bekleidet mit einer Garnitur warmer Unterwäsche, einer Wollmütze und schwarzen Bergschuhen, hinter Nicas her.

Ich rief ihm nach: „Nachdem du es nicht geschafft hast, wird es Nicas auch nicht gelingen!"

Aber Nick war bereits außer Hörweite. Nach einer Weile kam er den Hang heraufgekeucht.

„Wo ist Nicas?" fragte ich.

„Fort. Einfach weg. Ich konnte nicht mithalten. Mein armes Rad. Hoffentlich tut sich Nicas nicht weh."

Eine noch längere Weile ging dahin, bevor Nicas, das Rad vor sich herschiebend, zurückkehrte. Stolz zeigte er uns zwei kleine Wunden am Knie. Das Rad war unversehrt.

☆

Die Abfahrt von der Kibo-Hütte hinunter zum Fuße des Berges versprach ein aufregendes Erlebnis zu werden. Ich erhoffte mir ein rasantes Flitzen über Stock und Stein. Dreitausend Meter Höhenunterschied – nur mit dem Rad! Das würde ein wirkliches Abenteuer werden. Wir durften nur nicht die Konzentration verlieren, nicht für eine Minute.

Aber bevor der Spaß beginnen konnte, mußten wir erst unser bereits vertrautes Chaos mit dem Gepäck in den Griff bekommen. Die Zelte mußten abgebrochen und verstaut werden, aber das war noch die leichteste Übung. Schwieriger war es, wieder die ganze schreckliche Ansammlung von Kleidern, Campingausrüstung und Lebensmitteln in den Rucksäcken unterzubringen. Es endete damit, daß zwei Packen mehr herumstanden, als Träger vorhanden waren. Ich selbst bin zwar ganz nützlich, wenn es darum geht, das Zeug schnell in die Säcke zu stopfen, aber die Diskussion mit den Trägern verfolgte ich lieber aus einem stillen Winkel und überließ es Dick, die Sache abzuklären.

☆

Dick: Ich zählte sechs Gepäckstücke. Nicas wies darauf hin, daß nur noch vier Träger für uns übrig waren, da wir bereits zwei ins Tal geschickt hatten, in der Überzeugung, daß wir sie nicht mehr benötigen und sie umsonst in der Kälte ausharren würden. Nachdem bereits jeder der verbliebenen Träger eine Last geschultert hatte, war es kaum noch möglich, das übriggebliebene Gepäck zu verteilen. Wir versuchten einen weiteren Träger anzuwerben. Aber überzählige Träger gab es hier oben nur wenige, und die es gab, verlangten einen überhöhten Preis. Nicas konnte schließlich einen seiner Freunde überreden, uns zu helfen, wodurch nur noch ein Rucksack dastand. Wir dachten schon daran, ihn zwischen uns aufzuteilen, als Simon hervortrat. Nachdem er bereits eine riesige Last zu tragen hatte, wollten wir ihm nicht noch mehr aufbürden. Doch ohne unseren Einwand gelten zu lassen, band er wortlos mit einem starken Riemen die Lasten zusammen, hob das Gewicht von etwa einem halben Zentner mit seinem üblichen breiten Grinsen hoch und folgte den anderen, wobei seine losen Schuhsohlen klatschend gegen den Boden schlugen.

☆

Als die Träger gegangen waren, stürzten wir uns erst auf eine Schüssel Müsli, dann stopften wir den Rest unserer Utensilien in die Rucksäcke und holten die Räder. Die Aussicht, daß wir den ganzen Tag abwärts fahren konnten, gefiel uns außerordentlich. Der Hang vor der Kibo-Hütte hatte eine recht beachtliche Neigung. Wir setzten uns auf die Räder, lösten die Bremsen und fuhren ab. Fröhlich rasten wir vorwärts. Noch bevor die Kibo-Hütte außer Sicht gekommen war, hatten wir mächtige Stürze gebaut. Dick, der immer alles besser machen mußte, schlug mit dem Rad so schwer auf, daß sich die Lenkstange nach hinten drehte.

Die Sonne schien, der Weg war gut, und wir hatten Wind im Rücken. Wir stoppten oft für Aufnahmen. Die Fahrt war zeitweise teuflisch schnell, die Szenerie rund herum war großartig.

Kibo, der Gegner, war unser Freund geworden. Der große Berg blieb hinter uns – nicht als finstere Bedrohung, sondern als ein Bekannter, der uns mit Gastfreundschaft begegnet war, uns und unserer närrischen Idee. Wir sollten dafür dankbar sein.

☆

Dicks Tagebuch, 2. Januar 1985, auf dem Weg von der Kibo-Hütte nach Mandara: Zu dem Zeitpunkt, als wir fröhlich den Sattel überquerten, müssen Kate und Maggie bereits ihren Abstieg nach Marangu beendet haben. Sie haben gestern um 17 Uhr die Kibo-Hütte verlassen und wollten heute noch vor Mittag unten sein. Vielleicht hatten sie dabei sogar einen Rekord aufgestellt. Hoffentlich hat es unterwegs keine Schwierigkeiten gegeben. Heute ist Mittwoch. Wenn der Kurier rechtzeitig das Zeitungsmaterial zur Nairobi-Maschine bringt, dann sollten die Unterlagen bis Donnerstag in London sein. Zeit genug für die nächste Sonntagsausgabe. John Lovesey hatte uns versprochen, auch die I. T.-Adresse im Artikel anzugeben, um die Spendenaktion zu unterstützen.

☆

Ausgelassen fuhren wir zwischen Felsblöcken und über Bodenunebenheiten talwärts, versuchten einander vor Engpässen zu überholen und glitten über einen Teppich glitschiger Kieselsteine, wo wir drei Tage zuvor erschöpft auf der Nase gelegen hatten. Die

Abfahrt machte immer mehr Spaß. Tief hielten wir uns über die Lenkstange der Räder gebeugt, die sich wie Slalomskis steuern ließen. Riesige Staubwolken folgten uns nach. Unsere Brillen schützten uns vor den aufgewirbelten Sandkörnchen. Und die roten Handschuhe, bereits ziemlich durchlöchert und abgescheuert, bewahrten unsere Hände vor Hautabschürfungen, wenn wir über den Boden schlitterten.

Bald hatten wir den niedrigen Hügel erreicht, der den südlichen Rand des Sattels markiert. Das braungelbe, aschehaltige Gelände, der nackte Sand- und Geröllboden, lagen nun hinter uns, und wir tauchten in eine grüne, lebendige Landschaft ein.

☆

Dick: Nur drei Tage hatten wir uns oberhalb der Vegetationsgrenze aufgehalten, aber als wir frische Pflanzen und Anzeichen von Tierleben wahrnahmen, hatten wir das Gefühl, endlich wieder richtig atmen zu können. Wie muß es da erst Leuten gehen, die Wochen oder Monate in vegetationslosen Gebieten verbringen, wenn sie wieder in eine Fauna und Flora beherbergende Welt zurückkehren? Über Blumen und Gras fahrend, umrundeten wir einen kleinen Hügel, um die sumpfige Oase von „Last Water" zu finden. Nick fuhr dabei voll in den tiefsten Matsch. Sein Rad und die Schuhe nahmen ein Schlammbad. Ich kniete nieder und füllte die Wasserflaschen.

Nachdem wir eine Felsrinne durchquert hatten, wo wir die Räder wieder einmal tragen mußten, trafen wir auf unsere eigenen Radspuren.

☆

Über den Kamm vor der Horombo-Hütte zogen Rauchschwaden durch die kühler werdende Luft. Es roch nach verbranntem Holz. Die ersten Menschen, die wir trafen, war eine Gruppe von Trägern, die sich ihre Hände an gelben Flammenzungen, die an einem großen, bauchigen Kessel hochschlugen, wärmten. Da über dem Topf dicker Dampf aufstieg, konnten wir nicht erkennen, was darin gebraut wurde, aber es roch gut. Einige Bergwanderer, die vor der Hütte gehockt hatten, kamen auf uns zu. Wir überlegten uns, ob wir über Nacht in Horombo bleiben oder weiter nach Mandara fahren sollten. Die Dämmerung war zwar schon nahe, aber wir waren so in Form, daß es schade gewesen wäre, hätten wir die Schußfahrt unterbrochen. Wir machten also weiter.

Nach einer Stunde waren wir allerdings nicht mehr sicher, ob unsere Entscheidung richtig gewesen war. Wir gelangten zu der Felsrinne, die uns beim Aufstieg viel Mühe gemacht hatte. Jetzt, im dahinschwindenden Tageslicht, wurde die Durchquerung wieder knifflig. Wolken kamen aus dem Tal herauf, und es dauerte nicht lange, bis wir von feuchtem Nebel eingehüllt waren, der unsere Kleider durchdrang und den Weg in eine glatte Rutschbahn verwandelte. Dunkelheit senkte sich über uns. Es blieb nichts anderes übrig, als von den Rädern zu steigen und sie den sich abwärts windenden Weg entlang zu schieben. Während wir uns vorsichtig vorwärtstasteten, blieben die Lenkstange und die Pedale ständig an Wurzeln oder Zweigen hängen. Widerstrebend und schimpfend legten wir die Räder wieder einmal über die Schultern. Wir waren noch ein gutes Stück von Mandara entfernt. Es würde ein langer Marsch werden. Nur schwach drangen die Lichtstrahlen der Stirnlampen durch die Feuchtigkeit, die in der Luft hing. Wir mußten achtgeben, damit wir nicht auf diesem rutschigen Pfad hinfielen. Würde das passieren, wäre es gut möglich, daß wir den rasierklingenscharfen, 42zähnigen Kettenring am Hals zu spüren bekommen würden.

Als ich vor Dick den Weg abwärtsschlitterte, freute ich mich einerseits, daß wir unter solch teuflischen Umständen unterwegs waren, andererseits begann ich leicht unruhig zu werden und fragte mich, ob wir nicht bisher das Glück leichtsinnig herausgefordert hatten. Gerade im Endstadium eines Unternehmens, wenn man sich bereits in Sicherheit wiegt, geschieht es leicht, daß man voreilige Entscheidungen fällt. Ohne wirklich zu überlegen, hatten wir den Weg von Horombo fortgesetzt. Wir hatten nur noch eine Lampe, die funktionierte, hatten weder Schlafsack noch Nahrung bei uns, und der Weg zeigte sich immer heimtückischer in seiner Schlüpfrigkeit. Zwar wollte ich nicht gern der erste sein, der den Vorschlag machte, uns der Räder zu entledigen, aber um ein Biwaklager im Dschungel zu umgehen, schien es mir notwendig zu sein.

☆

Dick: Die Luft war kalt, und wir hatten Anoraks an, trotzdem schwitzten wir. Viel zu langsam kamen wir voran. Meine Beine wurden müde, und mein Rücken schmerzte. Wir konnten uns nicht erinnern, wie lange wir uns schon durch den Regenwald fortbewegt hatten und wie weit es noch bis zur Mandara-Hütte war. Hatten wir noch eine Stunde zu gehen? Oder vielleicht zwei?

Gegen 20 Uhr beschlossen wir, uns von dem Stahl-Aluminium-Gewicht zu befreien, stapften in das nächste Gebüsch neben dem Weg und luden die Räder ab. In der pechschwarzen Dunkelheit war es unmöglich, irgendeinen markanten Punkt auszumachen, der uns am nächsten Tag helfen würde, diese Stelle wiederzufinden. Ich nahm einen abgebrochenen Zweig und legte ihn in die Mitte des Weges. Für den Fall, daß wir diese Markierung am nächsten Tag nicht mehr finden sollten, begann Nick die Schritte vom Versteck bis zu der nächsten markanten Stelle zu zählen. Durch die Nacht hörte ich: . . . 37, 38, 39 . . ., und später: . . . 362, 363 . . ., und als meine Augenlider bereits vor Müdigkeit schwer wurden, und ich wie im Traum Nick hinterherstolperte, murmelte er noch immer: . . . 1341, 1342, 1343 . . . „Schau – ein Baum! Merk ihn dir!"

☆

Nun, da wir die Räder losgeworden waren, ging es bedeutend schneller voran. Einerseits war ich froh, daß wir uns von ihnen getrennt hatten, weil wir am nächsten Tag diese Strecke eventuell fahren konnten. Andererseits tat es mir leid, unsere Lieblinge im Wald liegenlassen zu müssen. Dick dagegen war unverschämt erleichtert. Der Weg gabelte sich. Eine Spur ging nach rechts ab, die andere lief in linker Richtung auf gleicher Höhe weiter.

☆

Dick: Keiner von uns konnte sich erinnern, welcher der richtige Pfad war, und nach einigem Hin und Her marschierte Nick nach rechts los. Ich wußte, daß es der falsche Weg war, beschloß jedoch, ihm zehn Minuten zu folgen, bis dahin würde er erkannt haben, daß er auf dem „Holzweg" war, und er würde meinen überlegenen Spürsinn anerkennen müssen.

Etwa einen halben Kilometer lang lief ich murrend hinter ihm her. Der Dschungel schloß sich immer enger um uns. Noch weitere zehn Minuten, und Nick arbeitete sich hinunter zu einer uns vertraut vorkommenden schlammigen Bodenrinne: Wir waren auf dem richtigen Weg zur Mandara-Hütte – und ich war leicht verstimmt.

Nachdem wir bei der Hütte angekommen waren, gab sich Nick einer wahren Freßorgie hin. Erst kochte er Tee, dann Suppe, dann Kartoffelbrei, dann Gemüse, das zum Kartoffelbrei gehört hatte, aber der war inzwischen schon aufgegessen. Nick aß seine Portionen im Stehen, gleichzeitig bereitete er die nächste Speise auf dem Petroleumkocher zu. Dabei starrte er wie ein verrückt gewordener Erfinder mit blutunterlaufenen Augen auf seine kulinarischen Kreationen. Er machte wieder Kartoffelbrei – für das Gemüse –, doch als er fertig war, war das Gemüse schon wieder aufgegessen. Dann rührte er Weizengrieß an, um Pudding zu machen, dem er dick angerührte Pulvermilch und Marmelade – anstelle von Vanillesoße – beifügte. Dann gab es wieder Tee.

Während für uns die Besteigung des Kilimandscharo eine einmalige, aufregende und interessante Sache war, war diese Tour für Nicas, Simon und die anderen Träger der Alltag und schwere Arbeit, denn sie hatten immer riesige Lasten zu schleppen. Sie hatten vor uns die Kibo-Hütte verlassen und waren Stunden vor uns auf der Mandara-Hütte eingetroffen. Doch sie hatten unser Gepäck nicht einfach fallen und liegen lassen, sondern für uns zwei Zelte aufgebaut, so daß wir „unerschrockenen, tapferen Abenteurer" dankbar ins Bett kriechen konnten.

Rasende Abfahrt

Nicas weckte uns auf. Sein lächelndes Gesicht blickte uns neugierig an. Er wollte wissen, wie die Überquerung des Sattels gewesen und was in der letzten Nacht im Regenwald passiert war. Dick, erfreut jemand gefunden zu haben, dem er haarsträubende Geschichten auftischen konnte, erzählte von nächtlichen Verirrungen im dunklen, dichten Dschungel.

„Aber wo sind die Räder?" fragte Nicas.

„Da oben." Dick zeigte himmelwärts über die höchsten Baumwipfel zu den Flanken des Mawenzi.

„Wir müssen sie von dort herunterholen, Nicas."

Nicas hatte sich inzwischen an unsere seltsamen Ausflüge gewöhnt, so daß er bei der Idee, daß wir noch einmal auf den Berg steigen wollten, nicht einmal mehr eine Augenbraue hochzog.

☆

Dick: Die Träger waren bereits nach Marangu aufgebrochen. Sie müßten in zwei Stunden am Park Gate sein. Nur ein Träger, Joshua, wartete noch auf den Rucksack, den er tragen sollte. Dieser beinhaltete die schrecklichste Ansammlung von ungewaschenem Koch- und Eßgeschirr, rauchschwarzen Pfannen und Töpfen und feucht gewordenen Lebensmitteln. Wir aßen in der Sonne, tranken den restlichen Tee und gaben uns Mühe, das Frühstück bis zum letzten Krümel aufzuessen.

☆

Die Wanderung zurück durch den Regenwald war ein Vergnügen. Der schlammige Boden, über den wir gestern abend gerutscht waren, war inzwischen in der warmen Morgensonne hart geworden, und unsere Beine spürten keine Anstrengung, als wir zwischen den Bäumen bergauf stiegen. Dick erkannte sofort den Zweig am Boden, der das Versteck markieren sollte. Vor den Augen vorbeikommender Träger verschwanden wir im Unterholz und zogen zwei Fahrräder hervor.

Vor uns lag das Finale, das letzte Rennen! Wir kletterten auf die Räder, lösten die Bremsen und holperten über den schmalen Pfad. Dick fuhr voran. Wir hatten es zwar auf kein Wettrennen angelegt, aber keiner wollte den anderen zu lange vorn sein lassen. Allerdings war das Überholen auf der schmalen Bodenrinne, die gerade breit genug für ein Rad war, kaum möglich. Nur gelegentlich gab es breitere Stellen, an denen wir uns aneinander vorbeidrängen konnten. Dicht fuhr ich an Dicks Hinterrad heran und wartete darauf, daß er einen Fehler machte, damit ich mich an ihm vorbeidrücken konnte. Da sah ich vor uns zwei tiefe, schmale Gräben, die von einem hohen Erdwall getrennt waren. Dick wählte die rechte Spur, und ich entschied mich für den Erdbuckel, mit der Absicht, oben zu beschleunigen und Dick beim Abwärtsfahren zu überholen, während er sich noch die ausgewaschene Rinne entlangkämpfte. Der erste Teil des Planes funktionierte gut. Ich brachte das Rad auf den Erdrücken und war mit Dick auf gleicher Höhe. Dann aber begann sich das Fahrrad gegen die linke Seite zu neigen. Ich versuchte zu korrigieren, indem ich mich nach rechts lehnte, doch das Vorderrad lief unerbittlich immer näher auf die Kante zu. Wie ein Stein stürzte das Rad hinunter, und ich mit dem Kopf voraus über die Lenkstange hinterher. Ich geriet unter das Fahrrad und zog mir eine ziemlich große Wunde am Schienbein zu. Wie betäubt lag ich am Boden. Als ich endlich das Rad hochgehoben und mich aufgerafft hatte, war Dick bereits ein gutes Stück voraus.

Total verschwitzt hielten wir bei der Mandara-Hütte an. Wir machten nur eine kurze Rast, um Wasser zu trinken. Auf dem Weg nach Marangu begann plötzlich der Himmel seine Schleusen zu öffnen, und kühler Regen rauschte auf die Vegetation und uns hernieder. Der Boden verwandelte sich sofort in tiefen Schlamm. Aber das machte uns nichts mehr aus.

Weiter unten stand ein Franzose und lachte. Als wir näher kamen, nahm seine Erheiterung zu.

„Was", fragte er belustigt, „macht ihr mit Fahrrädern auf dem Kilimandscharo? Ihr müßt Engländer sein! Nun weiß ich, was ich im nächsten Jahr tun werde: einen Kühlschrank auf den Gipfel tragen!"

„Wozu soll ein Kühlschrank auf dem Kilimandscharo gut sein?" fragte ich. „Ein Rad kann man wenigstens fahren, aber ein Kühlschrank würde für gar nichts gut sein ..."

„Ja, ja – aber mit einem Kühlschrank kann ich wenigstens meine Getränke kühl halten."

Er zog seine Baskenmütze tiefer ins Gesicht und machte sich wieder auf den Weg, wobei er noch immer vor sich hin lachte.

In gleichmäßigem Tempo fuhren wir die letzten Kilometer abwärts. Sonnenstrahlen brachen nun durch das Blätterdach der Riesenbäume. Einige Minuten lang fühlten wir uns, als würden wir in einem Vakuum schweben: zwischen dem Abenteuer, das hinter uns lag, und der Realität des Alltages, die uns bald wieder haben würde. Während wir über Gras und Kies fuhren, sagte

Dick: „Ich glaube, wir sollten uns langsam überlegen, was wir als nächstes unternehmen."

Ein Junge saß im Schatten eines Baumes am Ufer eines Baches und beobachtete die beiden „masungos", die sich angeregt unterhielten, als sie mit ihren schwarzen, schweren Fahrrädern an ihm vorüberfuhren. Sie hatten ihn kaum bemerkt. Und nachdem sie um die nächste Biegung verschwunden waren, hob er seinen Sack auf den Kopf und wandte sich dem Kilimandscharo zu.

Nachwort

Die 7500 £ (etwa 30 000,– DM), die benötigt wurden, um in Wajir eine Windpumpe zu installieren, waren bis Ende April eingegangen. Sofort wurde mit der Konstruktion begonnen, und die Windpumpe soll bis Ende des Jahres in Betrieb sein. Weitere Spenden sind seither eingegangen, und wir hoffen, daß genügend Geld zusammenkommt, damit auch in einem Dorf in Zimbabwe eine Windpumpe gebaut werden kann.

Anhang I
Intermediate Technology – was ist das?

Im Jahre 1985 feierte I. T. sein zwanzigjähriges Bestehen. In den vorangegangenen Jahren konnte vielen Menschen geholfen werden. Die Organisation entwickelte sich aus der Idee einer kleinen, aktiven Gruppe zu einem anerkannten Unternehmen, das Selbsthilfeprojekte für benachteiligte Menschen fördert. Hunger und Armut beherrschen viele Länder, und I. T glaubt, daß Projekte mit Langzeitwirkung eher dazu beitragen, den Menschen zu helfen, sich durch eigene Kraft aus ihrer Not zu befreien. Gib einem Mann einen Fisch, und du ernährst ihn für einen Tag; gib ihm ein Fischernetz, und du ernährst ihn ein Leben lang.

I. T. ist eine relativ kleine Organisation, die es sich zur Aufgabe gemacht hat, den Menschen in unterentwickelten Ländern soweit Hilfe zukommen zu lassen, daß sie sich selbst versorgen können und unabhängiger werden. Aus den verschiedensten Teilen der Welt erhält die I. T.-Organisation jedes Jahr Tausende von Bitten, bei der Lösung technischer Probleme zu helfen. Diese Probleme betreffen vorwiegend grundlegende Bedürfnisse wie Nahrung, Wasser, Gesundheit, Landwirtschaft und Transport.

I. T. ist davon überzeugt, daß die Menschen der dritten Welt durchaus imstande sind, selbst zurechtzukommen, wenn ihnen einfache und preiswerte Technologien zugänglich gemacht werden, die ihrer Situation und Umwelt angepaßt sind.

Hier einige Beispiele:

– Neue Webmaschinen verbessern die Qualität der Stoffe, erhöhen die Produktion und Verdienstmöglichkeiten und brauchen 25 % weniger Energie.

- Ein kleines Hydro-Elektro-System, entwickelt von I. T., versorgt kleine Werkstätten und Fabriken mit Strom und hilft damit das Einkommen verarmter Dörfer zu vergrößern.
- Ein einfacher, leistungsstarker und energiesparender Ofen, der immer häufiger in Nepal gebaut wird, vermag mindestens 30 % des von einer Familie früher verbrauchten Feuerholzes einzusparen – ein wesentlicher Beitrag, um dem rapiden Baumschwund im Himalaja entgegenzuwirken.

Ein wirkungsvolles Beispiel der Leistungen von I. T. sind auch die Fischerboote, die in Tamil Nadu, in Indien, entwickelt werden. Dort verdient ein Fischer im Durchschnitt etwa 300,– DM im Jahr. I. T. arbeitet mit drei lokalen Bootswerften zusammen. Es werden neue, sichere Boote gebaut, die einen größeren Fang ermöglichen und damit das Einkommen erhöhen. Die Boote sind in der Herstellung so billig wie der traditionelle Einbaum und daher für die einheimischen Fischer erschwinglich. Außerdem werden sie aus Sperrholz gebaut, wodurch die knapp gewordenen alten, riesigen Bäume, die für die Einbäume benötigt wurden, geschont werden können, was wiederum den lichter gewordenen Wäldern von Tamil Nadu zugute kommt. Schließlich halten die neuen Boote auch noch etliche Jahre länger als die herkömmlichen. Durch dieses Projekt wird die Fisch- und Bootsbauindustrie angekurbelt, was vielen Handwerkern und Fischern zu Arbeit und Brot verhilft.

Die Kraft, die Geschicklichkeit und die Zielstrebigkeit der Ärmsten dieser Welt werden von manchen Hilfsprogrammen nicht berücksichtigt. Sie sind die ungenutzten Quellen, die zu einer entwicklungsfähigen, heimischen Ökonomie beitragen können. I. T. versucht Arbeitsplätze zu schaffen, indem sie das Material für benötigte Werkzeuge oder Geräte in den örtlichen Regionen kauft und die Leute sie selbst herstellen läßt. Diese Arbeitsbeschaffungsmaßnahmen wirken sich segensreich aus. Ein neues Gemeinschaftsgefühl entsteht unter den Menschen; sie können vertrauensvoller in die Zukunft sehen und gewinnen ihre Selbstachtung zurück.

Jedes Projekt wird gewissenhaft vorbereitet, wobei Religion, Kultur und Sozialstruktur des betreffenden Gebietes berücksichtigt werden. Ist ein Projekt erfolgreich angelaufen, zieht sich I. T. mit seiner Beratung und Unterstützung zurück – die Gemeinschaft ist autonom. Die Menschen sind nicht mehr länger von Geld und milden Gaben der reichen Industrienationen abhängig. I. T. gelingt es also, mit wenig Geld viel zu erreichen.

☆

Als *Intermediate Technology* vor zwanzig Jahren von Dr. E. F. Schumacher, dem Autor von *„Small is beautiful"*, gegründet wurde, galt das Konzept, bei Entwicklungsprojekten eine sogenannte „sanfte Technologie" einzusetzen, als nicht gerade fortschrittlich: Aufwendige, zentralisierte, kapitalintensive, arbeitssparende Entwicklungsstrategien wurden erarbeitet – mit dem Ergebnis, daß große Fabriken mit ausgeklügelter Automation, die von einer Handvoll Spezialisten aus dem Westen geleitet wurden, in der dritten Welt entstanden. Diese Art der Entwicklungshilfe war und ist ungeeignet. In den betroffenen Gebieten gibt es kaum Infrastruktur, und Geld ist zu knapp, um teures Werkzeug und Ausrüstung zu kaufen. Außerdem sind für die Errichtung und Betreuung hochtechnisierter Anlagen ausländische Experten nötig. In einem Dorf, wo die Hälfte der Männer keine Arbeit hat, würde eine Mähmaschine nur eine Person beschäftigen und damit nur eine Familie ernähren. Damit die Maschine läuft, muß der Besitzer teuren Treibstoff kaufen, und geht die Maschine kaputt, benötigt er Geld – auch aus dem Ausland! –, um sie reparieren lassen zu können. Würden aber alle Männer des Dorfes die Ernte per Hand einbringen, hätten alle Arbeit, man könnte den Profit teilen, und die Leute würden ihre Unabhängigkeit bewahren.

Schumacher erkannte, daß nur herkömmliches Werkzeug und herkömmliche Methoden einen Fortbestand der Landwirtschaft im Umfang gewährleistet, während aufwendige Technologie nur die Reichen noch reicher macht. Die arme, unausgebildete Bevölkerungsmasse bleibt jedoch vom Nutzen der Entwicklung ausgeschlossen.

Schumacher wurde klar, daß eine Technologie notwendig war, die zwischen Traktor und Hacke, zwischen Mähmaschine und Sichel liegt. Diese „sanfte" Lösung bedeutete für ihn: maximale Ausschöpfung einheimischer Mittel und geringstmögliche Abhängigkeit von Importen, Experten und ausländischer Finanzhilfe.

Schumacher selbst war in erster Linie Wirtschaftsfachmann. In seinem Buch *„Small is beautiful"* erklärt er sein Konzept, mit geringen Mitteln große Wirkungen zu erzielen. Seine Ideen spiegeln die Gedanken vieler anderer Schriftsteller und Philosophen, wie die von Morris, Ruskin, Huxley, George Orwell und John Kenneth Galbraith wider. Bedeutende Persönlichkeiten wie Gandhi und Julius Nyerere hatten sich auch schon darüber Gedanken gemacht und sich für eine bescheidene, zweckentsprechende Technologie eingesetzt.

Seit Schumachers Tod haben andere Befürworter seiner Idee die Bewegung von I. T. fortgesetzt und gefördert. Dennis Frost hat nun die Leitung der Organisation übernommen. Der Erfolg der Arbeit hängt aber vom gesamten Netzwerk der I. T. und der freiwilligen Mitarbeit zahlreicher Einzelpersonen ab. Die Zentrale von I. T. in England befindet sich in: 9 King Street, London WC2E 8HW. Seine Entwicklungs- und Forschungsstationen sind über ganz England und seine Verbandsorganisationen über die ganze Welt verstreut.

☆

Intermediate Technology wurde gegründet, um bereits existierende Werkzeug- und Gerätetypen zu entdecken, die der I. T.-Idee entsprechen und den Entwicklungshelfern davon Kenntnis geben, wo und wie sie hergestellt werden. Wird die Dringlichkeit einer Förderung durch I. T. erkannt, dann erforscht und entwickelt es zusammen mit den lokalen Organisationen die notwendigen Technologien und Methoden. Die so entstandenen Produkte werden dann in der Praxis getestet und so lange verbessert, bis sie ein Höchstmaß an Nutzen in bezug auf das regional vorhandene Material, die Qualifikationen der Hersteller sowie auf die Verbraucher erreicht haben. Zum Konzept von I. T. gehört es, nicht nur auf den technischen Entwicklungsstand, sondern ebenso auf den Endverbraucher Rücksicht zu nehmen, denn es wäre sinnlos, Werkzeuge und Geräte zu konstruieren, die von den Menschen, die sie benötigen, um damit ihre Zukunft zu sichern, nicht gehandhabt werden können.

Sobald eine Technologie oder Methode erfolgreich ausprobiert und anerkannt ist, sucht I. T. nach weiteren Wegen, um sie, wenn möglich, weltweit zu verbreiten. Die Erfahrungen, die damit in einer Region gemacht werden, erleichtern die Einführung in anderen Gebieten. In einigen Fällen wird mit den Regierungen oder internationalen Hilfsorganisationen eng zusammengearbeitet, um das Umfeld für eine neue „sanfte Technologie" zu schaffen.

In fast allen Fällen werden die Ergebnisse von der Stiftung veröffentlicht: in Form von Handbüchern, Feldstudien, Gutachten, technischen Leitfäden und Prospekten über preiswerte Werkzeuge und Geräte. Hunderte von Titeln wurden bisher publiziert und in der ganzen Welt vertrieben. I. T. bringt auch zwei Journale heraus, die vierteljährlich erscheinen. *„Appropriate Technology"* und *„Waterlines"*, die Beiträge von freiwilligen Helfern, Beratern, Missionaren, Verbindungsleuten, UN-Experten und auch von Ministern enthalten. Beide Publikationen sind gleichzeitig ein Forum für alle die, die „draußen" im Einsatz sind. Sie bieten ihnen die Möglichkeit, die Erkenntnisse und Resultate ihrer Bemühungen – wie immer sie auch ausgefallen sein mögen – anderen mitzuteilen.

I. T. war von Anfang an klar, daß ihre Organisation zu klein ist, um die umfangreichen Probleme der benachteiligten Landbevölkerung in den verschiedensten Teilen der Welt allein zu lösen. Deshalb unterstützte die Stiftung die Gründung anderer Organiationen, die an der gleichen „Front" kämpfen. Es gibt inzwischen weltweit etwa achtzig Technologie-Institute, die ähnliche Ziele verfolgen und mit welchen I. T. zusammenarbeitet, wenn es erforderlich ist.

☆

Intermediate Technology ist mit den unterschiedlichsten Projekten in Entwicklungsländern beschäftigt. Sie betreffen Nahrungsmittelproduktion, kleine Werkstätten oder Fabriken, Wasserversorgung, Transport, Baumaterial, Textilien, Energiesysteme, Fischerei, Werkstattausrüstungen und im kleinen Rahmen auch Bergbau. Alle Projekte werden ohne Ausnahme mit minimalstem Aufwand und geringsten Geldmitteln in ländlichen Regionen durchgeführt.

Millionen von Menschen müssen mit Wasserknappheit leben, sie haben weder ausreichend Trinkwasser für sich und ihr Vieh noch für die Bewässerung ihrer Felder. Die neuen, durch Windkraft betriebenen Wasserpumpen befördern das Wasser aus der Tiefe herauf und sind somit eine große Hilfe. Mit unserem Buch über den Kilimandscharo hofften wir, genug Spenden zusammenzubekommen, um eine Windpumpe für Wajir anzuschaffen. Eine ähnlich konstruierte Kijito-Windpumpe wurde im Turkana-Gebiet errichtet. Sie hat dort inmitten der Wüste Maisfelder zum Erblühen gebracht. Diese Pumpe, die fünftausend Menschen Hilfe bringt, wird viele Jahre lang halten. Dagegen sind Dieselpumpen kostspielig in der Anschaffung wie in der Erhaltung. Sie sollten besser durch Windpumpen ersetzt werden.

In Sri Lanka, wo etwa fünfhundert Fischerleute ihre Boote in einem schrecklichen Hurrikan verloren, verhalf I. T. den Leuten zu neuen Katamaran-Modellen, die auch während der Monsunzeit mit ihren Stürmen an den Stränden landen können.

☆

Intermediate Technology wurde zur führenden Organisation dieser Art in der Welt, und die Nachfragen nach ihren Diensten sind enorm gestiegen. Um ihrer Philosophie *Small is beautiful* treu zu bleiben, hat man versucht, den Effekt ihrer Methoden zu maximieren, den Mitarbeiterstab jedoch so klein wie möglich zu halten. Im Augenblick werden fünfundsechzig Leute voll beschäftigt. Es sind hauptsächlich Ingenieure, Wirtschaftsexperten und andere Spezialisten.

Hat ein Team bewiesen, daß es selbständig arbeiten kann, wird es von der Stiftung ermutigt, auf eigene Faust unter der Schirmherrschaft von I. T. weiterzumachen. Heute steht die Stiftung in enger Verbindung zu *I. T. Transport, I. T. Power, I. T. Products, I. T. Publications, Development Techniques, I. T. Workshops, I. T. Consultants, Appropriate Health Resources* und *Technologies Action Group*. In manchen Fällen haben die Filialen ihr eigenes Management, gehören aber zu I. T., in anderen Fällen ist die Stiftung an den Unternehmungen beteiligt; einige sind unabhängig, bleiben aber ein Teil der großen I. T.-Familie. Das gesamte System basiert auf gegenseitigem Vertrauen und Verständnis und gemeinsamen Zielen.

☆

Die neuen Hungersnöte haben die dringende Notwendigkeit aufgezeigt, solche Tragödien in Zukunft durch Langzeitprojekte zu verhindern. Mit anderen Worten: Es muß erreicht werden, daß den betroffenen Menschen nicht nur über kurze Zeit geholfen wird, sondern daß sie auf lange Sicht von Hunger und Not befreit werden. Ohne Umdenken und Veränderung der Prioritäten wird die dritte Welt allerdings weiterhin von Armut beherrscht bleiben, und Millionen von Menschen werden einer noch schwärzeren Zukunft entgegengehen.

I. T. hat gezeigt, daß *small* nicht nur *beautiful*, sondern auch möglich sein kann. Die Herausforderung an uns alle ist, mit dem geringsten Aufwand einer größtmöglichen Anzahl von Menschen neues Selbstvertrauen und Selbstbewußtsein zu geben.

☆

Die meisten Menschen, die dieses Buch lesen, werden der reichen „ersten Welt" angehören. Sie werden gebildet sein, denn sie hatten das Privileg einer Schulausbildung, was auch heute noch nicht selbstverständlich ist. Im Augenblick gibt es 500 Millionen Menschen, die mit weniger als 8 DM pro Woche überleben müssen. Das ist weniger, als Sie an einem Abend für Unterhaltung ausgeben.

Ein wesentlicher Beitrag, den wir leisten können, um der weltweiten Not entgegenzuwirken, ist, Hilfsorganisationen wie I. T. finanziell zu unterstützen. Eine andere Möglichkeit zu helfen gibt es für diejenigen, die ihre Fähigkeiten in den Dienst der dritten Welt stellen wollen. Gebraucht werden: Wissenschaftler, Sozialarbeiter und Verwaltungsfachleute. Aber für jegliche Hilfe, die geleistet wird, benötigt man nun einmal zunächst Geld. Deshalb sind wir mit unseren Fahrrädern auf den Kilimandscharo „gefahren". Es hat uns ungefähr 8 000 DM gekostet, die wir aus eigener Tasche bezahlt haben, aber für die gute Sache, für I. T., hat es schließlich über 40 000 DM eingebracht. Das war unsere Art, etwas für die Ärmsten dieser Welt zu tun.

Anhang II
Die Ausrüstung

Die Fahrräder: Beide Fahrräder waren aus der Saracen-ATB-Serie. Die einzige Veränderung, die vorgenommen wurde, betraf die Übersetzung. Und hier die genauen Angaben zu den Rädern, die wir auf den Kilimandscharo mitgenommen haben:

Rahmen: Reynolds 501 Cromalloy-M All-Terrain-Gabelscheiden, Ketten- und Sitzstreben, endverstärkte Rahmenrohre, Anlötteile für Schutzblechc, vorderer und hinterer Gepäckträger sowie zwei Flaschenhalter. Tange-Stahl-Steuersatz.

Räder: Rigida 26 Zoll A. L. 25/32 Aluminium-Felgen, 36 Speichen 3fach gekreuzt auf Aluminium-Hochflanschnaben mit Massivachsen.

Reifen: Mitsubishi Canyon Express.

Antrieb: Shimano-Tretkurbeln mit 3fach-Kettenblatt mit 28-38-48-Zähnen; Sun Tour 5fach-Freilauf-Zahnkranz modifiziert von UK zu 14-17-22-28-38-Zähnen; vorderes und hinteres Schaltwerk mit Stahlschutzbügel für das hintere Schaltwerk von Shimano; Shimano-Daumen-Schalthebel, Shimano-Innenlager, Sun-Tour-XC-II-Pedale.

Übersetzungen:		14	17	22	28	38
Abwicklung (m)	28	4,15	3,42	2,64	2,08	1,53
	38	5,63	4,64	3,58	2,82	2,08
	48	7,11	5,86	4,53	3,56	2,62

Bremsen: Shimano-Cantilever; Shimano-Bremshebel

Sattel: Brooks B66, Leder

Lenker: Nitto-Aluminium, Vorbau MT-1

Zubehör: hartgelöteter Stahlgepräckträger, Schutzbleche

Während des Trips nahmen wir nur geringfügige Veränderungen vor. Wir ließen die Schutzbleche zurück, um einige Gramm Gewicht zu sparen, und wir polsterten die Rahmenrohre, um das Tragen der Räder bequemer zu machen. Die Firma Bluemel versorgte uns mit zwei extrakurzen Mountain-Range-Pumpen, die leicht in unsere Rucksäcke paßten – wo sie auch über die ganze Expedition blieben! Die Reifen hielten bestens, und wir hatten während der acht Tage am Kilimandscharo keine einzige Reifenpanne. Allerdings, während unserer Probefahrt im Rift Valley (Ostafrikanischer Grabenbruch) gelang es uns, eine Kette zu zerreißen und ein hinteres Schaltwerk zu verschleißen. Wir benutzten keine Pedalbügel, aber es gab Strecken beim Abwärtsfahren, wo sie angenehm gewesen wären. Andererseits sind wir so oft von den Rädern gefallen, und mit Pedalbügeln wäre das sicher gefährlicher gewesen. Als ideal erwiesen sich während der Nachtfahrten die Stirnlampen: Wo immer man den Kopf hinwendet, geht ihr Lichtstrahl mit! Eine normale Fahrradlampe strahlt nur nach vorwärts ihr Licht aus und ist keine Hilfe, wenn man nachts nach rechts und links schauen muß, um Ausweichmöglichkeiten zu suchen.

Als wir am Berg unterwegs waren, nahmen wir nur am Steuersatz, Innenlager und Radlager Veränderungen vor, und bevor wir ins Tal fuhren, spannten wir die Bremsseile nach.

Bei einem eventuellen nächsten Unternehmen würden wir folgendes beachten:

1. Schutzblech und Gepäckträger würden wir zurücklassen, sie erhöhen nur unnötig das Gewicht. Ein Schutzblech auf den Kilimandscharo mitzunehmen ist genauso sinnvoll, wie für ein Kamel Sonnencreme zu kaufen.
2. Ein kürzerer Radstand würde die Kletterfähigkeit verbessern. Er würde zwar das Abwärtsfahren erschweren, aber die Erleichterungen beim Anstieg wiegen das auf.

3. Wir würden die Polsterung der Rohre so gestalten, daß sie Schultern und Rücken gut schützt und das Tragen der Räder angenehmer wird.
4. Wir würden zwei andere Personen mitnehmen, die die Räder fahren!

☆

Tägliche Ausrüstung: Jeder von uns trug einen Karrimor-Hot-Route-55-Liter-Rucksack, der einen Biwaksack, Tagesverpflegung, Verbandskasten, Sonnen- und Schneebrillen, Taschenmesser und Kleidung enthielt. Weiterhin hatten wir Kompaß, Übersichtskarten, Bleistift, Kugelschreiber, Schreibpapier und eine Automatikkamera bei uns. Oberhalb der Schneegrenze nahmen wir noch Eispickel und Steigeisen mit. Natürlich waren immer auch ein Reifenpannen- und ein Werkzeug-Set bei uns.

☆

Zeltausrüstung: Wir benutzten ein Black's-Wild-Country-Quasar-Zweimann-Kuppelzelt, das schnell und einfach aufzustellen war. Es ist so konstruiert, daß es auch ohne Zeltpflöcke vollständige Spannung hat. Dann hatten wir noch ein größeres Super-Nova-Kuppelzelt mit, in dem drei bis vier Personen Platz haben. Dieses Zelt benutzten wir bis zu einer Höhe von 5700 Metern. Die meisten Teile der Campingausrüstung wurden in großen Karrimor-Rucksäcken von den Trägern transportiert.

☆

Kleidung: Bundhosen mit Latz und T-Shirts waren unsere Grundkleidung, die wir mit Schuhen, Socken und Unterhosen ergänzten. Das war die geeignete Kombination für den dampfenden Regenwald, die dichte Vegetation und unsere häufigen Stürze. In großer Höhe, als die Temperaturen fielen, hatten wir zur Auswahl: lange, dünne Thermo-Unterhosen und -Unterhemden sowie „Berghaus"-Gemini-Jacken. Diese Allwetterjacke erwies sich als äußerst praktisch. Sie besteht aus einer inneren Thinsulate-Jacke, die mit einem Reißverschluß in die doppelschichtige, wind- und wasserdichte Goretex-Außenjacke eingezogen werden kann. Die äußere Jacke allein war unentbehrlich bei Regen, und der innere Teil wärmte während der Nacht. Beide Jacken zusammen ergaben, wenn Taille, Ärmel und Kragen gut zugeschnürt waren, eine ausreichende Isolierung gegen Kälte und Wind, auch unter extremen Bedingungen, wie wir sie in Höhen über 5000 Metern erlebt haben. Beide trugen wir *Balaclavas*, Wollmützen, die auch Ohren und Hals bedeckten, und Thermo-Handschuhe. Schals trugen wir nur gelegentlich. Zusätzlich hatten wir Goretex-Überhosen mit.

Im Rift Valley trugen wir knöchelhohe Laufschuhe. Unterhalb der Schneegrenze benutzten wir Bergstiefel, die leicht und strapazierfähig waren und außerdem unsere Knöchel schützten. In Schneeregionen trugen wir „Berghaus"-*Trionic-all-leather-upper*-Bergschuhe.

Mit den Schlafsäcken und Isomatten von Karrimor waren wir sehr zufrieden. Kein Problem gab es auch mit den leistungsstarken Peak-One-Petroleumkochern. Bei Dunkelheit waren uns flache Taschenlampen oder Stirnlampen sehr nützlich, aber wann immer es möglich war, bevorzugten wir Kerzenlicht.

Dr. Mike Townend aus Cockermouth, Cumbria, stellte für uns die Medikamente zusammen. Diamox, das die Anpassung an höhere Regionen und dünnere Luft unterstützt, erwies sich als äußerst wirkungsvoll. Wir hatten auch Medikamente gegen Durchfall, Bazillenruhr, Amöbenruhr, Bandagen in verschiedenen Größen und Desinfektionsmittel mit. Wichtig war natürlich auch die regelmäßige Einnahme von Malariatabletten. Wir hatten zwar auch einfache Schmerzmittel mit, sie wurden aber von uns niemals verwendet. Dr. Townend erklärte uns genau den Gebrauch der Medikamente, doch zusätzlich steckten wir noch ein Handbuch über Medizin gegen Bergkrankheiten in unser Gepäck.

ALLE TITEL DER REIHE
REISEN · MENSCHEN · ABENTEUER

Aubert · Müller Panamericana
Biedermann Im Land der aufgehenden Sonne
Cerny Von Senegal nach Kenia
Colombel Der siegreiche Berg
Crane Kilimandscharo per Rad
Cropp Alaska-Fieber
Cropp Schwarze Trommeln
Cropp Im Herzen des Regenwaldes
Dodwell Im Land der Paradiesvögel
Dodwell Globetrotter-Handbuch
Dodwell Wo China noch unentdeckt ist
Franceschi Vier Männer gegen den Dschungel
Gallei · Hermsdorf Blockhaus-Leben
Harrison Piranhas zum Frühstück
Hermann Von Thailand nach Tahiti
Hermann Heiße Tour Afrika
Höppner Cowboys der Wüste
Jeier Am Ende der Welt
Jenkins Das andere Amerika
Jones Sturzfahrt vom Everest
Keiner Quer durch den roten Kontinent
Kreutzkamp Mit dem Kanu durch Kanada
Kühnel Motorrad-Odyssee
Kühnel Rätselhaftes Indien
Look Auf Tramptour bis Pakistan

Look Wo der Mond auf dem Rücken liegt
Möbius · Ster Dschunke, Jeep und Bambusfloß
Möbius · Ster Inselträume in Indonesien
Pilkington Am Fuß des Himalaja
Ricciardi Auf Sindbads Spuren
Rohrbach Inseln aus Feuer und Meer
Roos Segeln in der Arktis
Stejskal Ich lebte bei den Wayapi-Indianern
Stejskal Malediven – Das Mädchen Robinson
Swale Zu Pferd durch Chile
Tasker Eishölle am Everest
Thoma Gute Tage unter dem Halbmond
Thorer Endstation Dschungel
Tin · Rasmussen Motorradtour Singapur – Australien
Tin · Rasmussen Traumfahrt Südamerika
Troßmann Wüstenfahrer
Veszelits Brasilien, Land der Gegensätze
Walls · Martin Drei Jahre in einem Kampong in Malaysia
Zierl Highway-Melodie

WEITERE TITEL ZUM THEMA AFRIKA

Christine Cerny
Von Senegal nach Kenia
Schwarzafrika hautnah
320 Seiten, 64 s/w Fotos, 3 Karten,
Reisetips, DM 17,80
ISBN 3-89405-004-7

Wolf-Ulrich Cropp
Schwarze Trommeln
Auf Entdeckungsreise durch Westafrika
256 Seiten, 56 s/w Fotos, 4 Karten,
Reisetips, DM 15,80
ISBN 3-89405-008-X

Patrice Franceschi
Vier Männer gegen den Dschungel
Expedition zu den Pygmäen
320 Seiten, 47 s/w Fotos, 2 Karten,
Reisetips, DM 15,80
ISBN 3-89405-013-6

Helmut Hermann
Heiße Tour Afrika
Mit dem Fahrrad von Algier nach Kapstadt
272 Seiten, 85 s/w Fotos, 3 Karten,
2 Tabellen, Reisetips, DM 15,80
ISBN 3-89405-016-0

Klaus Höppner
Cowboys der Wüste
Mit einer Kamelkarawane durch den Sudan
192 Seiten, 62 s/w Fotos, 2 Karten,
Reisetips, DM 15,80
ISBN 3-89405-017-9

Thomas Troßmann
Wüstenfahrer
Mit dem Motorrad durch das Land der Tuareg
224 Seiten, 38 s/w Fotos, 1 Karte,
Reisetips, DM 15,80
ISBN 3-89405-040-3

REISEN · MENSCHEN · ABENTEUER